北京市属高等学校人才强教计划资助项目
教育部、财政部田径国家级教学团队立项项目

青少年功能性体能训练指导丛书

悬吊训练

李建臣　主编

人民体育出版社

图书在版编目(CIP)数据

悬吊训练 / 李建臣主编. -北京：人民体育出版社，
2013（2018.8.重印）
（青少年功能性体能训练指导丛书）
ISBN 978-7-5009-4369-3

Ⅰ.①悬… Ⅱ.①李 Ⅲ.①青少年-体能-身体训练
Ⅳ.①G808.14

中国版本图书馆 CIP 数据核字(2012)第 234460 号

*

人民体育出版社出版发行
北京京华虎彩印刷有限公司印刷
新 华 书 店 经 销

*

850×1168 32 开本 5 印张 113 千字
2013 年 1 月第 1 版 2018 年 8 月第 5 次印刷
印数：5,001—6,000 册

*

ISBN 978-7-5009-4369-3
定价：25.00 元

社址：北京市东城区体育馆路 8 号（天坛公园东门）
电话：67151482（发行部） 邮编：100061
传真：67151483 邮购：67118491
网址：www.sportspublish.cn
（购买本社图书，如遇有缺损页可与邮购部联系）

编委会

前 言

随着我国体育发展战略研究的不断发展，以及向体育强国迈进的步伐的加快，竞技体育发展已成为热点中的焦点问题。体育健儿运动技术和成绩的提高必须依靠先进的科学技术支持，以及科学的训练方法指导。现代体能训练及其方法与手段就是在这样的大时代背景下应用而生的。在运动训练过程中，现代体能训练以多学科知识为理论支撑，融合先进训练方法与手段，可以改善运动员的身体形态，优化运动员身体机能，提高运动员身体素质以及专项竞技水平。

近年来，悬吊训练作为现代体能训练的重要组成部分被引入国内，但我国大多数教练员对悬吊训练的认识尚处于起步阶段。虽然悬吊训练在运动训练领域还是一个新的研究课题，但其在不久的将来作为青少年体能训练中具有代表性的训练方法，已经表现出强大的生命力。我国体育界近几年多次组织教练员、运动员和科研人员出国培训学习，并聘请一些外国著名体能专家来国内进行一系列专题讲座，其目的就是为了更好地掌握和推广悬吊训练方法。

《悬吊训练》一书通俗易懂地为广大读者介绍悬吊训练的基本原理和训练基础知识，并以图文并茂的方式介绍其目的、方法和要求。本书在编撰过程中借鉴了国外著名体能公司 PERFORM BETTER 的一些先进训练理念，并得到了首都体育学院国家社科基金重点项目《全民健身服务体系创新理论与发展战略研究》，以及北京市《学科与研究生教育》课题组的全力支持，在此表示衷心感谢。我们从体能训练的实际需要出发，希望本书能够在现代体能训练的理念和训练方法上给广大体育工作者和体育健身爱好者一定的指导与启发，也希望广大教练员能够不断学习，不断创新，举一反三，灵活运用，合理安排。

本书由李建臣任主编，并由其 2011 级研究生张腾宇对全书进行了统一串编、修改后定稿。由于作者水平有限，书中难免存在缺点和错误，热忱欢迎广大读者批评指正。

编者

目 录

理论篇

悬吊训练概述

一、悬吊训练的起源与发展

悬吊训练是指通过悬吊带将身体局部部位悬吊起来，使身体在不稳定状态下进行的力量练习。悬吊训练是近几年较为流行的一种新兴体能锻炼方法，经常能在各种训练场所和健身会所看到这种训练，它为广大运动员和健身爱好者提供了很有效的帮助。

最初的悬吊工具并不是用来做体能锻炼的，而是被用在医学领域。它的历史最早可以追溯至第二次世界大战。其间，许多士兵由于受伤被收容于战地医院，当时医用条件很差，医疗人员短缺，受伤士兵由于没有得到及时的照顾而发生褥疮以及肌肉萎缩的现象，有些士兵因为严重的肌肉萎缩而丧失了战斗力，还有很多的士兵甚至死于褥疮的各种并发症。医疗人员根据长期的临床观察以及治疗经验，决定尝试性地使用简易悬吊装置，即将患者需要放松的身体部位置于所希望的姿势，然后慢慢地移动该部位，从而防止发生肌肉萎缩和褥疮。此方法在第二次世界大战期间被广泛用于战士战斗创伤的恢复过程。在这一阶段，悬吊装置是为医疗做服务，它所起到的作用是医学辅助，目的是为了加速伤员的机体恢复，以及防止恢复过程中出现相关并发症、肌肉萎缩的现象。

第二次世界大战结束后，随着社会的不断进步和医学领域的不断发展，悬吊工具在医学上已不再只为急性创伤恢复服务，而是逐渐地被用于医疗的其他领域。在挪威，悬吊工具被推广用于治疗肩关节和髋关节方面的慢性疾病。在医学领域，肩关节和髋关节的主要问题是关节的活动度受限，而悬吊工具通过悬吊带悬吊患者的关节活动受限部位，使患者能够通过主动锻炼来自主增加关节活动度。在悬吊带的作用下，重力的影响基本消除，患者在受到全面保护的前提下进行有效地控制运动，能够使肌肉和关节逐步活动到最大限度， 甚至还能进一步牵伸。悬吊工具不仅能够有效地帮助患者恢复关节活动度，而且还能增强患者的信心。悬吊训练作为独特的治疗方法得到了社会初步的认可。

进入 21 世纪，体育与科学已完全接轨，学术的相互交流与借鉴成为主流，悬吊训练的技术也逐渐成熟起来。悬吊训练的工作原理是通过躯干和四肢的训练，达到改善机体平衡及协调的能力。这种训练对于运动员也很重要，因此被尝试性地引用到体育之中。体育科研工作者的跟踪实验，已经证明了悬吊训练确实能够改善运动员的平衡能力、协调性和躯干部位核心稳定性，以及下肢的爆发力，还能够有效地预防运动损伤。

如今，悬吊训练被应用于更加广泛的领域，包括医学领域的治疗和康复、专业运动员训练、健身和业余锻炼、保健、特殊运动项目的训练等。

二、悬吊训练的科学性与重要意义

（一）悬吊训练的科学性

以前，体育运动爱好者只能通过杠铃训练来增长肌肉力量，这种力量训练的手段单一枯燥，并且危险性很高。另外，运用杠铃增长力量的方法通常是针对大肌肉群的力量刺激，而体育项目往往要求大小肌肉群共同参与才能完成一个完整动作，所以单纯通过杠铃训练力量的效果并不理想。自从悬吊训练被引入到体能训练方法中以后，人们逐渐认识并且不断地深入研究悬吊训练的方法和理论，希望能够建立起独特的训练结构体系。悬吊训练作为一种新的力量训练方法，它与传统的力量练习有什么区别呢？

从生理解剖学的角度来看，悬吊训练不同于以往人们简单地对大肌肉群进行力量刺激，而是更加重视对小肌肉群的刺激，这些肌肉群通常对运动员的身体稳定性和平衡性起到至关重要的作用。悬吊训练通过悬吊带将身体局部部位悬吊起来，使身体在不稳定状态下进行力量练习，这样不仅可以通过对抗重力、克服自身体重来增长力量，还可以激活兴奋性比较低的深层肌肉群和小肌肉群，与传统的力量练习相比，这样的力量练习更加全面和系统。

从悬吊训练的工作原理来看，传统的力量练习要求整个身体重心在处于相对平衡的状态下完成动作，这种平衡状态是通过器械或地面提供的稳定支撑反作用力而实现的。悬吊训练强调的是稳定和平衡，强调核心深层次小肌肉群的固定作用以及神经对肌肉的支配能力，它是依靠神经支配肌肉控制动作，这样可以更好地增加运动员的本体控制感。在悬吊训练过程中，虽然核心肌群并不都直接参与运动发力，但是几乎所有的运动都离不开核心肌群的稳定控制。悬吊训练对核心力量的要求，是以前传统力量训练所无法企及的。

悬吊训练是在传统力量训练的基础上形成的，是针对传统力量训练中核心肌肉力量发展不足的一个补充。因此，悬吊训练具有一般力量训练的性质、专项力量训练的作用，同时对康复性体能训练、提高人体运动能力，以及预防运动损伤都具有独特的作用。当然也不能因此否定传统力量训练的价值，传统力量训练与悬吊训练是互为补充的关系，都是现代体能训练的基本训练方法。

（二）悬吊训练对青少年体能训练的重要意义

在我国，肥胖严重影响青少年的健康成长发育。青少年肥胖是影响身体形态的重要因素，更是形成成人期肥胖病、高血压、冠心病、糖尿病等的主要诱因。青少年积极参加体育锻炼，能够有效地预防肥胖出现的可能，降低肥胖对身体的危害。长跑、慢跑等有氧练习虽然能有效消耗脂肪，但也极容易造成枯燥感，降低青少年的运动积极性，而新颖的体育运动方式却能引起他们的注意，并且吸引他们积极参与，所以利用悬吊训练或与其他器械相结合进行训练，能有效提高青少年的运动兴趣，实现既定目标。

青少年正处于身体发育的黄金时期，不能用成年人的训练标准及手段对青少年进行训练，要确保训练手段、负荷及强度适合青少年的身体发育特点。青春期前的青少年（大概 12 岁前）正处于神经系统的快速发育阶段，在此阶段有效地利用悬吊训练能促进青少年神经系统的发育，提高身体协调和平衡能力。8~12 岁的青少年已经能够完成一些简单的动作，通过这些训练能够加强身体肌肉力量及神经系统的工作效率。在进行悬吊训练时要对练习场地进行安全检查，确保青少年在安全的环境中进行练习。青少年的锻炼应该避免大力量超负荷的练习，采用悬吊进行克服自身体重的练习既能有效促进青少年的各项素质发展，又能有效避免运动损伤的发生。

三、悬吊训练的基本原则

（一）循序渐进原则

循序渐进原则是指悬吊训练内容、方法和运动负荷等的顺序安排，由易到难，由简到繁，逐步深化提高，系统地掌握悬吊知识、技术、技能和科学锻炼方法的训练原则。可以尝试通过调整周训练课次数、每节课的专项训练比例和难度，以及变换和增加每节训练课专项训练的内容来系统地把握整个训练计划的进程。

（二）适宜负荷原则

适宜负荷原则是指根据练习者的现实可能和人体机能的训练适应规律，以及提高竞技能力的需要，在悬吊训练中给予练习者相应的负荷量和强度，以取得理想训练效果的训练原则。在悬吊训练的初期，负荷不宜过大，以便让机体能够很快地适应训练。当受训一段时间后，就需要增加负荷量与强度（如背沙袋训练背心、增加动作完成次数等），刺激机体不断适应，不断提高机体训练水平，取得理想训练效果。

（三）有效控制原则

有效控制原则是指对训练活动实施有效的控制。在现代控制论的理论基础上，对悬吊训练过程的多变性进行有效控制。通过准确把握和控制悬吊训练的各个环节和阶段，训练的内容、负荷以及实施情况，并对它们进行及时和必要的调节，以使悬吊训练活动能够按照预先设计的方式进行，保证悬吊训练目标的实现。

（四）适时恢复原则

适时恢复原则是指及时消除练习者在悬吊训练中产生的疲劳，并通过生物适应过程产生超量恢复，提高机体能力的训练原则。在悬吊训练过程中不主张运动员疲劳训练，疲劳训练影响训练效果。当练习者达到一定程度的疲劳时，应安排练习者进行必要的恢复性训练，采取必要的恢复措施，使练习者的身体机能迅速得到充分的恢复和提高。

四、悬吊训练的注意事项

（一）悬吊设备

悬挂系统必须安装在稳定、能够承受自身体重的固定点。在悬吊绳的安装过程中要确保悬吊绳穿过套环，训练前要进行悬重测试，确保悬挂点的牢固程度。在进行悬吊训练前，要确保悬吊带牢牢扣住，避免训练过程中滑落造成伤害。任何人在进行悬吊组合训练之前都需要对悬吊装置的安全性进行检查或试用，特别是在利用悬吊装置和其他器械进行组合训练时更要做好安全检查，避免器械对训练者造成伤害。

（二）训练过程中的保护

悬吊训练是通过悬吊带将身体局部部位悬吊起来，使身体在不稳定状态下进行力量练习的一种训练方法。由于整个练习处在不平衡的环境中，因此练习者身边必须要有保护者，以避免摔倒受伤。逐渐适应悬吊训练负荷后可以适当增加一定重量的负荷，但不要使用过重物品进行训练，以免造成运动创伤。青少年在进行悬吊训练时需要在一定的监护条件下进行。由于青少年对自身的控制不够，特别是在不稳定状态下的身体平衡控制能力较弱，所以必须在有效的监督下练习，对于他们的训练强度也要适当控制，避免出现运动性疲劳损伤。在进行悬吊训练时一定要穿运动服，以避免刮伤、划伤等现象的出现。

（三）训练安排

在进行悬吊训练时要因人而宜，既要争取实现超量恢复的最佳效果，又要保证训练的安全，避免运动损伤。因此在悬吊训练时，教练员对练习动作的讲解示范的规范性、直观性和运动员的理解能力尤为重要。运动员要遵循教练员的指导，注意领会动作要领和要求。

在悬吊训练初期，避免出现过强的运动负荷，应遵循循序渐进的原则，建议由静力性拉伸练习开始，适应一段时间后再进行动力性练习。本书中初级阶段动作适合于所有的训练者，其动作难度较低。经过一段时间的训练后，可以进行难度大、稳定点更少的练习动作。高水平练习者可以在后面的组合训练中配合其他器械，进行难度更大的组合训练。

实践篇

悬吊训练方法

一、热身训练

悬吊训练是通过将身体的某一部位悬吊起来，在机体不稳定状态下进行的力量训练，目的是牵伸肌肉肌群，扩大关节活动范围，增大韧带等软组织的伸展能力，改善平衡能力，提高协调能力，增强核心区力量。因此，在训练前的热身活动中要针对小肌肉群、核心区肌肉群，以及关节韧带组织进行充分牵引与热身，以便能够更好的预防运动损伤，达到良好的训练效果。

练习 1　颈部静力牵伸

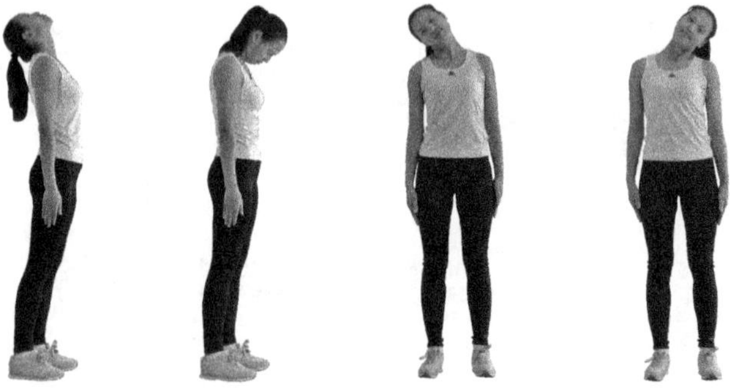

1. 开始姿势

上体直立，两脚自然分开，目视前方。

2. 训练方法

将头部向左侧方倾斜，倾斜至颈部有牵伸感，静止 15~25 秒钟，换右侧牵伸。完成后进行前后牵伸练习。重复 3~5 组。

3. 注意事项

上体保持直立，不耸肩，不弓背。

4. 训练部位

头长肌、颈长肌、斜角肌、肩胛提肌、胸锁乳突肌。

练习 2　肩部绕环牵伸

1. **开始姿势**

上体直立，两脚自然分开，两臂平举，目视前方。

2. **训练方法**

将双臂同时向相反方向进行绕环练习，在身后与身前手臂处于同一水平高度时，略停 3~5 秒钟再完成绕环动作。重复 3~5 组。

3. **注意事项**

上体保持直立，以肩部为轴运动。

4. **训练部位**

肩胛下肌、三角肌、斜角肌、冈上肌、胸大肌、背阔肌。

练习 3　手臂牵伸

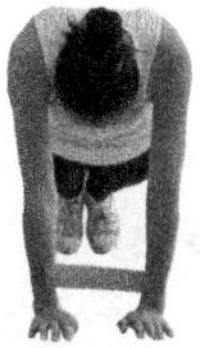

1. 开始姿势

俯撑姿势，双臂挂迷你训练带。

2. 训练方法

左臂支撑，右臂向右方移动，移动 5 次，再向另一侧移动。重复 3~5 组。

3. 注意事项

同侧腿随同侧臂移动，移动臂落地后，支撑臂才能移动，移动过程要慢。

4. 训练部位

三角肌、肱三头肌、尺侧腕伸肌、桡侧腕屈肌。

练习 4　腹部牵伸

1. **开始姿势**

并腿屈膝，水平仰卧。

2. **训练方法**

上体固定，并腿向右侧转髋，每一侧牵伸静止 15~25 秒钟，还原动作。再换另一侧牵伸。重复 3~5 组。

3. **注意事项**

躯干始终保持水平，紧贴垫子，转髋过程中两腿并拢。

4. **训练部位**

背阔肌、髂腰肌、腹外斜肌、腹内斜肌。

练习 5　腰部牵伸

1. 开始姿势

上体直立，两脚分开，比肩略宽，两臂侧平举，目视前方。

2. 训练方法

转动腰部，右手抓左侧跟腱部位，抓住后静止 15~25 秒钟，还原动作。再换另一侧牵伸。重复 3~5 组。

3. 注意事项

腿部不能弯曲。上臂保持与地面垂直。

4. 训练部位

背阔肌、前锯肌、腹外斜肌、竖脊肌。

练习 6　臀部肌群

1. 开始姿势

身体自然展开，水平俯卧。

2. 训练方法

左腿贴紧地面，右腿小腿弯曲向上，套上牵拉带。拉伸后臀部发力，向地面方向牵伸。牵伸至最大程度静止 15~25 秒钟，还原动作。再换另一侧牵伸。重复 3~5 组。

3. 注意事项

臀部发力时左腿始终保持不离地。

4. 训练部位

臀大肌、股四头肌、腓肠肌、比目鱼肌。

练习 7　腿部牵伸

1. 开始姿势

上体直立，两脚自然分开，目视前方。

2. 训练方法

左腿向前一步伸直腾空。右腿保持伸直，脚跟紧贴地面。上体前倾，双手抱左腿牵伸。拉伸后静止 25~40 秒钟，还原动作。再换另一侧牵伸。重复 3~5 组。

3. 注意事项

挺胸稍探腰，重量压在后腿上，始终保持脚跟不离地。

4. 训练部位

臀大肌、股二头肌、腓肠肌、比目鱼肌。

练习 8　膝踝关节支撑平衡

1. 开始姿势

上体正直，左脚踩在平衡垫上，目视前方。

2. 训练方法

臀部后坐，右脚离地向前方探出，双臂平举、挺胸稍探腰，重量压在左脚上，静止在平衡垫上 25~40 秒钟，还原动作。再换另一侧。重复 3~5 组。

3. 注意事项

注意膝关节部位的支撑与踝关节的力量控制。

4. 训练部位

膝关节、踝关节、股四头肌、股二头肌。

二、上肢及肩部训练

练习 9　悬吊双臂屈臂伸展

1. 开始姿势

身体后倾，双脚前后站立，双手分别握住悬吊环，两臂胸前屈臂，收缩，自然分开，掌心相对。

2. 训练方法

双脚固定，缓慢伸肘关节伸展前臂，直到感觉双臂伸直，然后缓慢收缩手臂还原到初始姿势。完成动作时间 1~2 秒钟，还原动作 2~3 秒钟。每组动作 20~30 次，完成 10~15 组，组间间歇 45~60 秒钟。

3. 注意事项

整个动作过程中两脚固定，腿部不要发力。伸展动作要缓慢。

4. 训练部位

肱二头肌、肱肌、肱桡肌、桡侧腕屈肌。

练习 10　悬吊双臂俯卧撑

1. 开始姿势

双手分别握住悬吊环，俯卧直臂支撑，两脚并拢。

2. 训练方法

缓慢屈臂下压身体，下压至完成俯卧动作后缓慢直臂还原。完成动作时间 1~2 秒钟，还原动作 2~3 秒钟。每组动作 10~15 次，完成 5~10 组，组间间歇 45~60 秒钟。

3. 注意事项

整个动作过程中身体始终保持水平，腿部不要发力。屈肘动作要缓慢，两脚脚尖着地，不能移动。

4. 训练部位

肱三头肌、三角肌、胸大肌、前锯肌。

练习 11　悬吊双臂仰卧屈臂上拉

1. 开始姿势

仰卧在垫上，双手伸直分别握住悬吊环，手心冲向脚的方向，两脚并拢。

2. 训练方法

缓慢屈臂上拉身体，上身与地面夹角约成 70°时缓慢直臂还原身体姿势。完成动作时间 1~2 秒钟，还原动作 2~3 秒钟。每组动作 10~15 次，完成 5~10 组，组间间歇 45~60 秒钟。

3. 注意事项

整个动作过程中躯干固定，腿部不要发力，双臂均匀用力，控制还原动作速度。

4. 训练部位

肱三头肌、肱二头肌、三角肌。

练习 12　悬吊双腿俯卧撑

1. 开始姿势

身体自然展开，水平俯卧，将悬吊环扣套在双脚上。两臂支撑伸直，保持俯卧撑姿势。

2. 训练方法

双脚固定，缓慢屈肘关节下压身体，直到感觉适度的牵拉，然后缓慢伸直手臂还原到初始姿势。完成动作时间 1~2 秒钟，还原动作 2~3 秒钟。每组动作 20~30 次，完成 10~15 组，组间间歇 45~60 秒钟。

3. 注意事项

在整个动作过程中，躯干保持水平姿势，腿部不发力，控制动作速度，下压稍快，还原动作要慢。

4. 训练部位

肱二头肌、肱肌、肱桡肌、桡侧腕屈肌。

练习 13　悬吊双腿仰卧后臂屈撑

1. **开始姿势**

坐在垫上，将悬吊环扣套在双脚上。两腿自然分开，直臂支撑。

2. **训练方法**

缓慢屈臂下压身体，直到感觉至合适角度，缓慢直臂还原动作。完成动作时间 1~2 秒钟，还原动作 2~3 秒钟。每组动作 20~30 次，完成 10~15 组，组间间歇 45~60 秒钟。

3. **注意事项**

背部发力，控制躯体动作。

4. **训练部位**

肱二头肌、肱三头肌、尺侧腕伸肌、桡侧腕屈肌。

练习 14 悬吊双臂背后屈撑

1. 开始姿势

背对悬吊，将悬吊环扣套在双手上，双腿自然分开，脚跟着地，直臂支撑。

2. 训练方法

缓慢屈臂下压身体，直到感觉至合适角度，缓慢直臂还原动作。完成动作时间 1~2 秒钟，还原动作 2~3 秒钟。每组动作 20~30 次，完成 10~15 组，组间间歇 45~60 秒钟。

3. 注意事项

两脚跟固定。

4. 训练部位

肱二头肌、肱三头肌、三角肌。

练习 15　悬吊双臂屈臂慢放伸展

1. 开始姿势

将悬吊环套在双手上，掌心相对，身体悬空，保持屈臂上拉动作。

2. 训练方法

缓慢将屈臂慢放伸展，直到整个双臂伸直下放身体，缓慢屈臂上拉还原动作。完成动作时间 1~2 秒钟，还原动作 2~3 秒钟。每组动作 20~30 次，完成 10~15 组，组间间歇 45~60 秒钟。

3. 注意事项

因为注重的是离心力量练习，因此必须控制好下放速度。

4. 训练部位

肱二头肌、肱三头肌、肱桡肌、肱肌。

练习 16　悬吊双臂前倾直臂内收

1. 开始姿势

身体微向前倾，双脚分开站立，两臂两侧伸直，分别握住悬吊环。

2. 训练方法

双脚固定，双臂直臂向内侧闭合运动，当双臂合拢至胸前时，缓慢将手臂外展还原到初始姿势。完成动作时间 1~2 秒钟，还原动作 2~3 秒钟。每组动作 20~30 次，完成 10~15 组，组间间歇 45~60 秒钟。

3. 注意事项

整个动作过程中两脚固定，腰腹肌控制前倾角度。

4. 训练部位

三角肌、冈上肌。

练习 17　悬吊双臂前倾上摆

1. **开始姿势**

身体稍前倾，双臂胸前伸直，双手分别握住悬吊环。双脚分开站立，脚尖向前。

2. **训练方法**

双脚固定，保持直臂，身体缓慢前倾，双臂缓慢向上摆动，直至与身体成为一个水平面，缓慢还原动作到初始姿势。完成动作时间 1~2 秒钟，还原动作 2~3 秒钟。每组动作 20~30 次，完成 10~15 组，组间间歇 45~60 秒钟。

3. **注意事项**

整个动作过程中两脚固定，躯干始终保持固定。

4. **训练部位**

三角肌、冈上肌、冈下肌、小圆肌。

练习 18　悬吊双臂跪立下摆

1. 开始姿势

跪立垫上，身体斜前倾，双手分别握住悬吊环，双臂直臂上摆过头，与躯干成一水平面。

2. 训练方法

缓慢直臂向后下压身体，直至躯干与地面垂直，缓慢直臂上摆下压身体还原动作。完成动作时间 1~2 秒钟，还原动作 2~3 秒钟。每组动作 20~30 次，完成 10~15 组，组间间歇 45~60 秒钟。

3. 注意事项

整个动作过程膝关节固定，躯干保持固定。

4. 训练部位

冈上肌、冈下肌、三角肌。

练习 19　悬吊双臂跪立内收

1. 开始姿势

跪立，两腿自然分开，两臂两侧展开，分别握住悬吊环，身体侧倾，保持直臂。

2. 训练方法

两臂同时缓慢地内收，直至躯干与地面垂直，胸前手臂与地面平行，缓慢还原动作到初始姿势。完成动作时间 1~2 秒钟，还原动作 2~3 秒钟。每组动作 20~30 次，完成 10~15 组，组间间歇 45~60 秒钟。

3. 注意事项

整个动作过程躯干保持固定。

4. 训练部位

冈上肌、冈下肌、三角肌。

练习 20　悬吊单臂站立一侧内收

1. 开始姿势

两脚自然分开站立，将悬吊环相扣。单手握住相扣的悬吊环与地面平行，身体侧倾，另一侧手臂固定于体侧，双脚固定。

2. 训练方法

缓慢直臂下压身体，缓慢摆正，直至躯干与地面垂直，下压身体，缓慢还原动作到初始姿势。再换另一侧练习。完成动作时间 1~2 秒钟，还原动作 2~3 秒钟。每组动作 20~30 次，完成 10~15 组，组间间歇 45~60 秒钟。

3. 注意事项

整个动作过程躯干保持固定。

4. 训练部位

冈上肌、冈下肌、三角肌。

练习 21　悬吊双臂站立直臂上摆

1. 开始姿势

两脚前后站立，分握悬吊环。两臂自然分开，胸前伸直，掌心朝下，身体前倾，双脚固定。

2. 训练方法

缓慢直臂从体前上摆手臂，直至与身体成一条直线，然后缓慢下摆还原动作。完成动作时间 1~2 秒钟，还原动作 2~3 秒钟。每组动作 20~30 次，完成 10~15 组，组间间歇 45~60 秒钟。

3. 注意事项

整个动作过程躯干保持固定。

4. 训练部位

冈上肌、冈下肌、三角肌。

练习 22　双腿站立屈臂下压

1. 开始姿势

前倾站立，直臂双手分握悬吊环，胸前伸直，掌心朝下。

2. 训练方法

缓慢前倾，直至身体与地面成 45°，然后缓慢屈臂下压身体，双臂夹角成锐角，然后还原动作。完成动作时间 1~2 秒钟，还原动作 2~3 秒钟。每组动作 20~30 次，完成 10~15 组，组间间歇 45~60 秒钟。

3. 注意事项

整个动作过程躯干保持水平固定。

4. 训练部位

胸大肌、前锯肌、三头肌。

练习 23 单腿站立屈臂下压

1. 开始姿势

双臂胸前伸直，双手分握悬吊环，掌心朝下。

2. 训练方法

缓慢屈臂下压身体的同时，向后抬起左脚，并且左腿保持伸直，屈臂下压身体，双臂夹角成锐角，身体与地面成45°，还原动作。完成动作时间1~2秒钟，还原动作2~3秒钟。每组动作20~30次，完成10~15组，再换另一侧，组间间歇45~60秒钟。

3. 注意事项

整个动作过程均匀配合呼吸，后腿始终保持伸直。

4. 训练部位

胸大肌、前锯肌、三头肌、竖脊肌、股四头肌、臀大肌。

练习 24　悬吊双臂后仰扩胸运动

1. 开始姿势

双臂屈臂，双手分握悬吊环。

2. 训练方法

身体向后倾，缓慢扩胸，缓慢还原动作。完成动作时间 1~2 秒钟，还原动作 2~3 秒钟。每组动作 20~30 次，完成 10~15 组，再换另一侧，组间间歇 45~60 秒钟。

3. 注意事项

整个动作过程展臂时均匀用力，躯体保持水平。

4. 训练部位

斜方肌、肱三头肌。

练习 25 悬吊双臂后仰单腿站立拉伸运动

1. 开始姿势

双臂屈臂，双手分握悬吊环，单脚支撑，另侧腿身前抬起。

2. 训练方法

身体后倾，缓慢拉伸，直至身体与地面成 45°，整个动作过程中支撑腿保持固定，另侧腿保持与躯体水平。缓慢屈臂还原动作。完成动作时间 1~2 秒钟，还原动作 2~3 秒钟。每组动作 20~30 次，完成 10~15 组，再换另一侧，组间间歇 45~60 秒钟。

3. 注意事项

整个动作过程展臂时要均匀用力，躯体保持水平。

4. 训练部位

斜方肌、腹直肌、肱三头肌。

练习 26 悬吊单臂后仰单腿站立伸臂运动

1. 开始姿势

单臂屈臂，单手握悬吊环，单脚支撑，另侧腿身前抬起。

2. 训练方法

身体后倾，缓慢拉伸，直至身体与地面成 45°，整个动作过程中支撑腿保持固定，另侧腿保持与躯体水平。缓慢屈臂还原动作。完成动作时间 1~2 秒钟，还原动作 2~3 秒钟。每组动作 20~30 次，完成 10~15 组，再换另一侧，组间间歇 45~60 秒钟。

3. 注意事项

拉伸的整个动作过程要均匀用力，躯体保持水平。

4. 训练部位

斜方肌、腹直肌、肱三头肌。

练习 27 悬吊双臂直臂内收

1. 开始姿势

双手分握悬吊环，两臂体侧伸直。

2. 训练方法

后倾身体，缓慢双臂内收，直至身体与地面成 45°，双臂胸前伸直。缓慢还原动作。完成动作时间 1~2 秒钟，还原动作 2~3 秒钟。每组动作 20~30 次，完成 10~15 组，再换另一侧，组间间歇 45~60 秒钟。

3. 注意事项

内收双臂时要均匀用力，躯体保持水平。

4. 训练部位

斜方肌、三角肌、肱二头肌。

练习 28　悬吊双臂单腿站立直臂内收

1. 开始姿势

双手分握悬吊环，两臂体侧伸直，单脚支撑，另侧腿抬起。

2. 训练方法

后倾身体，缓慢双臂内收，直至身体与地面成 45°夹角，双臂胸前伸直。整个动作过程中支撑腿保持固定，另侧腿保持与躯体水平。缓慢还原动作。完成动作时间 1~2 秒钟，还原动作 2~3 秒钟。每组动作 20~30 次，完成 10~15 组，再换另一侧，组间间歇 45~60 秒钟。

3. 注意事项

内收双臂时要均匀用力，躯体保持水平。

4. 训练部位

斜方肌、三角肌、肱二头肌、腹直肌。

练习 29　双肘支撑悬吊单腿外展

1. 开始姿势

俯卧于垫上，将吊环套在一脚脚面，双肘支撑。

2. 训练方法

双肘支撑固定，躯体正直，保持身体水平成一条直线，另一侧腿缓慢外展至最大。完成动作时间 1~2 秒钟，还原动作 2~3 秒钟。每组动作 20~30 次，完成 10~15 组，再换另一侧，组间间歇 45~60 秒钟。

3. 注意事项

整个动作过程躯体保持水平，避免塌腰。

4. 训练部位

肱三头肌、髂腰肌、三角肌、臀大肌。

练习 30　双臂支撑悬吊单腿外展

1. 开始姿势

俯卧于垫上，将吊环套在一脚脚面，双臂屈曲，两手支撑。

2. 训练方法

双臂发力伸直，躯体正直，保持身体水平成一条直线，另一侧腿缓慢外展至最大。完成动作时间 1~2 秒钟，还原动作 2~3 秒钟。每组动作 20~30 次，完成 10~15 组，再换另一侧，组间间歇 45~60 秒钟。

3. 注意事项

整个动作过程躯体保持水平，避免塌腰。

4. 训练部位

肱三头肌、背阔肌、腹直肌、髂腰肌。

练习 31　悬吊单腿外展双臂静力支撑

1. 开始姿势

俯卧于垫上，将吊环套在一脚脚面。

2. 训练方法

双臂伸直支撑，躯体正直，伸直双腿，两脚并拢。保持身体水平成一条直线，目视前方。 动作完成后静止 45~60 秒钟，再换另一侧。重复 3~5 组，组间间歇 30~45 秒钟。

3. 注意事项

整个动作过程躯体保持水平，避免塌腰。

4. 训练部位

竖脊肌、三角肌、股四头肌、肱三头肌。

练习 32　悬吊双腿双臂静力支撑

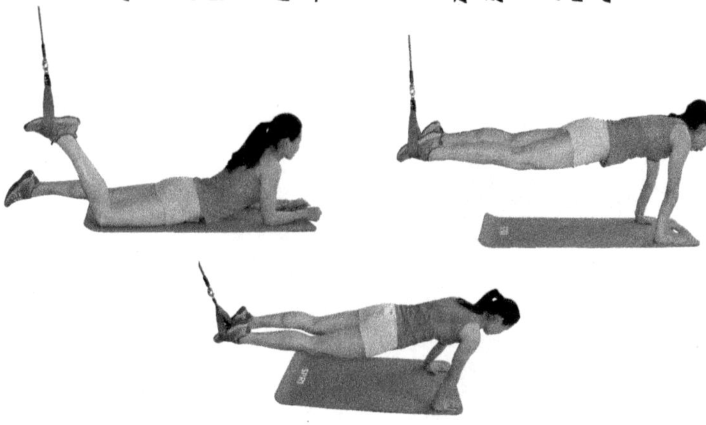

1. 开始姿势

俯卧于垫上，将吊环套在双脚脚面。

2. 训练方法

双臂伸直支撑，躯体正直，伸直双腿，两脚并拢。保持身体水平成一条直线，目视前方，缓慢抬起一侧手臂向前水平伸直。 动作完成后静止 45~60 秒钟，再换另一侧。重复 3~5 组，组间间歇 30~45 秒钟。

3. 注意事项

整个动作过程躯体保持水平，避免塌腰。

4. 训练部位

竖脊肌、三角肌、股四头肌、肱三头肌、腹内斜肌、腹外斜肌。

练习 33　悬吊单腿单臂静力支撑

1. 开始姿势

俯卧于垫上，将吊环套在一脚脚面。

2. 训练方法

双臂伸直支撑，躯体正直，伸直双腿，两脚并拢。保持身体水平成一条直线，目视前方，缓慢抬起一侧手臂向前水平伸直。动作完成后静止 45~60 秒钟，再换另一侧。重复 3~5 组，组间间歇 30~45 秒钟。

3. 注意事项

整个动作过程躯体保持水平，避免塌腰。

4. 训练部位

竖脊肌、多裂肌、股四头肌、肱三头肌、腹内斜肌、腹外斜肌。

练习 34　悬吊双腿双肘静力支撑

1. 开始姿势

俯卧于垫上，将吊环套于双脚脚面。

2. 训练方法

双臂屈肘支撑，伸直双腿，两脚并拢，躯体正直。保持身体水平成一条直线，目视前方。动作完成后静止 45~60 秒钟。重复 3~5 组，组间间歇 30~45 秒钟。

3. 注意事项

整个动作过程躯体保持水平，避免塌腰。

4. 训练部位

竖脊肌、多裂肌、股四头肌、三角肌。

练习 35 悬吊双腿单肘静力支撑

1. 开始姿势

俯卧于垫上，将吊环套于双脚脚面。

2. 训练方法

双臂屈肘支撑，伸直双腿，两脚并拢，躯体正直。保持身体水平成一条直线，目视前方，缓慢抬起一侧手臂向前水平伸直。 动作完成后静止 45~60 秒钟，再换另一侧。重复 3~5 组，组间间歇 30~45 秒钟。

3. 注意事项

整个动作过程躯体保持水平，避免塌腰。

4. 训练部位

竖脊肌、多裂肌、股四头肌、肱三头肌、腹内斜肌、腹外斜肌。

练习 36　悬吊单腿单肘静力支撑

1. **开始姿势**

俯卧于垫上，将吊环套于一脚脚面。

2. **训练方法**

双臂屈肘支撑，伸直双腿，两脚并拢，躯体正直。保持身体水平成一条直线，目视前方，缓慢抬起一侧手臂向前水平伸直。 动作完成后静止 45~60 秒钟，再换另一侧。重复 3~5 组，组间间歇 30~45 秒钟。

3. **注意事项**

整个动作过程躯体保持水平，避免塌腰。

4. **训练部位**

竖脊肌、三角肌、股四头肌、肱三头肌、腹内斜肌。

练习 37　悬吊双腿双臂静力支撑挺身

1. **开始姿势**

坐于垫上，将吊环套在双脚脚跟部位，双臂支撑，身体后仰。

2. **训练方法**

双臂发力伸直，固定。躯体正直，保持身体水平成一条直线，动作完成后静止 45~60 秒钟，重复 3~5 组，组间间歇 30~45 秒钟。

3. **注意事项**

整个动作过程躯体保持水平，避免塌腰。

4. **训练部位**

肱三头肌、冈下肌、小圆肌、大圆肌、背阔肌。

练习 38　悬吊单腿双臂静力支撑挺身

1. **开始姿势**

坐于垫上，将吊环套在一脚脚跟部位，双臂支撑，身体后仰。

2. **训练方法**

双臂发力伸直，固定。躯体正直，保持身体水平成一条直线， 动作完成后静止 45~60 秒钟，再换另一侧。重复 3~5 组，组间间歇 30~45 秒钟。

3. **注意事项**

整个动作过程躯体保持水平，避免塌腰。

4. **训练部位**

肱三头肌、冈下肌、背阔肌、腹直肌、髂腰肌。

练习 39 悬吊俯卧双臂轮转屈伸臂

1. 开始姿势

身体前倾与地面成 45°，双手分握悬吊环，两臂体侧伸直。

2. 训练方法

双臂发力胸前伸直。双臂轮转屈臂下压。完成动作时间 1~2 秒钟，还原动作 2~3 秒钟。每组动作 20~30 次，完成 10~15 组，再换另一侧，组间间歇 45~60 秒钟。

3. 注意事项

内收双臂时要均匀用力，躯体保持水平。

4. 训练部位

三角肌、肱三头肌、胸大肌、腹肌。

练习 40　悬吊站立屈体前推

1. **开始姿势**

站立，双脚与肩同宽，双手握悬吊环。

2. **训练方法**

上体前倾，双臂向前推，躯体保持水平。缓慢还原动作。完成动作时间 1~2 秒钟，还原动作 2~3 秒钟。每组动作 20~30 次，完成 10~15 组，再换另一侧，组间间歇45~60 秒钟。

3. **注意事项**

整个过程悬挂身体，保持身体平衡。

4. **训练部位**

腹直肌、髂腰肌。

练习 41　悬垂挂壁屈臂下压

1. 开始姿势

屈臂握悬吊环于胸前，双脚开立，与肩同宽。

2. 训练姿势

屈臂下压，身体直立悬挂。缓慢还原动作。完成动作时间 1~2 秒钟，还原动作 2~3 秒钟。每组动作 20~30 次，完成 10~15 组，再换另一侧，组间间歇 45~60 秒钟。

3. 注意事项

整个动作过程双臂均匀用力，躯体保持水平。

4. 训练部位

肱二头肌、肱三头肌、三角肌。

练习 42　滑轮悬吊俯卧撑

1. **开始姿势**

身体前倾，曲臂握悬吊环于胸前，双脚开立，与肩同宽。

2. **训练姿势**

屈臂下压，身体直立悬挂。缓慢还原动作。完成动作时间 1~2 秒钟，还原动作 2~3 秒钟。每组动作 20~30 次，完成 10~15 组，再换另一侧，组间间歇 45~60 秒钟。

3. **注意事项**

整个动作过程双臂均匀发力，躯体保持水平。

4. **训练部位**

肱二头肌、腹直肌、腹外斜肌、胸大肌。

练习 43 悬吊滑轮跪立左右轮摆

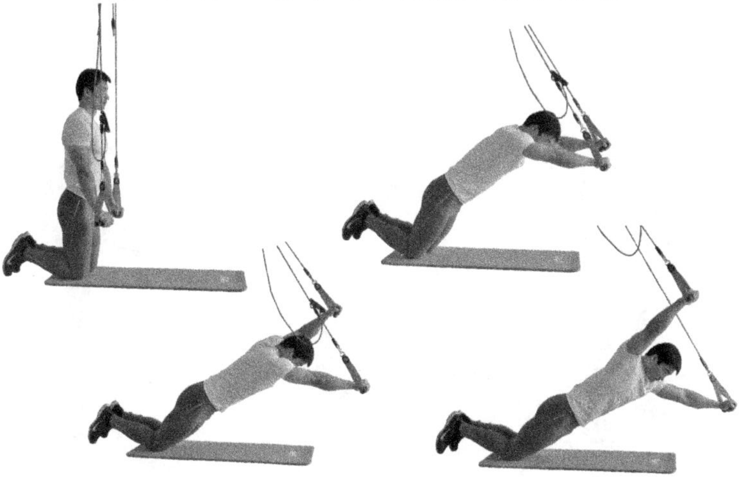

1. **开始姿势**

跪立于垫上，双手握住悬吊环。

2. **训练姿势**

身体前倾，向前上方直臂推送，单臂直臂下压，下压到有牵伸感时换另一侧臂下压。完成动作时间 1~2 秒钟，还原动作 2~3 秒钟。每组动作 20~30 次，完成 10~15 组，再换另一侧，组间间歇 45~60 秒钟。

3. **注意事项**

整个动作过程双臂均匀发力，躯体保持水平。

4. **训练部位**

肱三头肌、斜方肌、胸大肌、三角肌。

三、下肢及髋部训练

练习 44　悬吊双臂单腿前抬下蹲

1. 开始姿势

面对悬吊环站立，双手分握悬吊环，掌心相对。

2. 训练方法

身体后仰，同时抬起一条腿前抬悬空。支撑腿固定，缓慢下蹲，动作完成后还原动作。完成动作时间 1~2 秒钟，还原动作 2~3 秒钟。每组动作 20~30 次，完成 10~15 组，再换另一侧，组间间歇 45~60 秒钟。

3. 注意事项

整个动作过程躯体保持一条直线。

4. 训练部位

股四头肌、竖脊肌。

练习 45　悬吊双臂单腿后抬下蹲

1. 开始姿势

面对悬吊环站立，双手分握悬吊环，掌心相对。

2. 训练方法

身体后仰，同时抬起一条腿后摆悬空固定。支撑腿固定，缓慢屈膝下蹲，动作完成后还原动作。完成动作时间 1~2 秒钟，还原动作 2~3 秒钟。每组动作 20~30 次，完成 10~15 组，再换另一侧，组间间歇 45~60 秒钟。

3. 注意事项

整个动作过程躯体保持一条直线，下蹲时膝关节不超过脚尖。

4. 训练部位

股四头肌、竖脊肌。

练习 46　悬吊单腿半蹲起

1. **开始姿势**

背向悬吊绳站立，将悬吊环套于单脚脚面。

2. **训练方法**

缓慢下蹲至大腿与地面平行，同时悬吊脚后移，直到感觉拉伸感，缓慢还原动作。完成动作时间 1~2 秒钟，还原动作 2~3 秒钟。每组动作 20~30 次，完成 10~15 组，再换另一侧，组间间歇 45~60 秒钟。

3. **注意事项**

整个动作过程躯体保持一条直线，下蹲时膝关节不超过脚尖。

4. **训练部位**

股四头肌、竖脊肌。

练习 47　悬吊单腿仰卧上摆

1. **开始姿势**

仰卧于垫上，将悬吊环挂于一侧脚跟，双臂紧贴地面。

2. **训练方法**

悬吊腿缓慢屈膝达到直角后固定，双臂发力支撑，提髋，另一条腿缓慢上摆，直到感觉拉伸感，缓慢还原动作，完成动作时间 1~2 秒钟，还原动作 2~3 秒钟。每组动作 20~30 次，完成 10~15 组，再换另一侧，组间间歇 45~60 秒钟。

3. **注意事项**

整个动作过程保持上体固定，两腿屈膝的同时不外展。

4. **训练部位**

竖脊肌、半腱肌、半膜肌、股二头肌、腓肠肌、股四头肌。

练习 48 悬吊单腿仰卧外展

1. 开始姿势

仰卧于垫上，将悬吊环挂于一侧脚跟，双臂紧贴地面。

2. 训练方法

缓慢屈膝，双臂发力支撑，提髋，屈膝达到直角后固定。一脚面紧贴悬吊环，另一条腿缓慢外展，直到感觉拉伸感，缓慢还原动作。完成动作时间 1~2 秒钟，还原动作 2~3 秒钟。每组动作 20~30 次，完成 10~15 组，再换另一侧腿，组间间歇 45~60 秒钟。

3. 注意事项

整个动作过程保持上体固定，两腿屈膝时不外展。

4. 训练部位

竖脊肌、半腱肌、半膜肌、股二头肌。

练习 49　悬吊单腿俯卧外展

1. **开始姿势**

俯卧于垫上，将悬吊环挂于一侧脚面。

2. **训练方法**

双臂发力支撑，一脚面紧贴悬吊环，另一条腿缓慢外展，直到感觉拉伸感，缓慢还原动作。完成动作时间 1~2 秒钟，还原动作 2~3 秒钟。每组动作 20~30 次，完成 10~15 组，再换另一侧腿，组间间歇 45~60 秒钟。

3. **注意事项**

整个动作过程躯干始终发力保持水平，避免塌腰。

4. **训练部位**

臀大肌、臀中肌、股四头肌、大腿内收肌群。

练习 50　悬吊双腿仰卧外展

1. 开始姿势

仰卧于垫上，将悬吊环挂于双脚脚跟。

2. 训练方法

双臂发力支撑，屈膝提髋，保持臀部高度固定，缓慢均匀用力使双腿外展，直到感觉拉伸感，缓慢还原动作。完成动作时间 1~2 秒钟，还原动作 2~3 秒钟。每组动作 20~30 次，完成 10~15 组，组间间歇 45~60 秒钟。

3. 注意事项

整个动作过程躯干始终发力保持水平，避免塌腰。

4. 训练部位

臀大肌、梨状肌、缝匠肌、大腿内收肌群。

练习 51　悬吊单腿前蹬

1. **开始姿势**

身体站立，正对悬吊环，单腿屈膝踩住悬吊环。

2. **训练方法**

身体稍前倾，缓慢前伸小腿，直到感觉适度拉伸感，然后缓慢收回小腿还原动作。完成动作时间 1~2 秒钟，还原动作 2~3 秒钟。每组动作 20~30 次，完成 10~15 组，组间间歇 45~60 秒钟。

3. **注意事项**

整个动作过程躯干始终保持一条直线。

4. **训练部位**

竖脊肌、大腿内收肌群。

练习 52　双臂悬吊侧弓步

1. 开始姿势

身体直立，两脚分别踩在悬吊环内，双手握住悬吊绳。

2. 训练方法

保持上体直立，一条腿缓慢地向一侧移动成侧弓步，然后缓慢直立还原动作。完成动作时间 1~2 秒钟，还原动作 2~3 秒钟。每组动作 20~30 次，完成 10~15 组，组间间歇 45~60 秒钟。

3. 注意事项

整个动作过程躯干始终保持一条直线。

4. 训练部位

竖脊肌、大腿内收肌群。

练习 53　单腿悬吊侧弓步

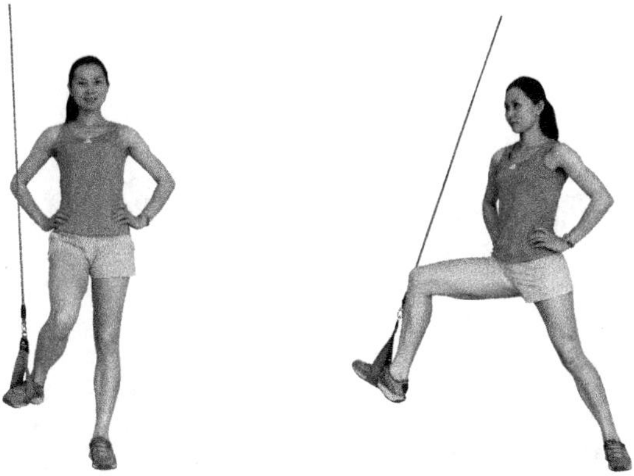

1. 开始姿势

身体直立，侧对悬吊环，单腿屈膝踩住悬吊环。

2. 训练方法

支撑腿固定，悬吊腿缓慢向一侧移动成侧弓步，然后缓慢内收小腿还原动作。完成动作时间 1~2 秒钟，还原动作 2~3 秒钟。每组动作 20~30 次，完成 10~15 组，再换另一侧，组间间歇 45~60 秒钟。

3. 注意事项

整个动作过程上体始终保持一条直线。

4. 训练部位

竖脊肌、大腿内收肌群。

练习 54　双腿悬吊仰卧交替蹬伸

1. **开始姿势**

仰卧于垫上，将悬吊环挂住两侧脚跟，双臂紧贴地面。

2. **训练方法**

缓慢屈膝，双臂发力支撑，提髋，屈膝达到直角后固定。保持髋部静止，双腿交替蹬伸，完成一组动作次数后缓慢还原动作。完成动作时间 1~2 秒钟，还原动作 2~3 秒钟。每组动作 20~30 次，完成 10~15 组，组间间歇 45~60 秒钟。

3. **注意事项**

整个动作过程双脚交替蹬伸时保持上体固定。

4. **训练部位**

竖脊肌、半腱肌、半膜肌、股二头肌、腓肠肌。

练习 55 双臂悬吊两脚尖蹬伸

1. **开始姿势**

身体直立，将悬吊环分别套住双手，屈臂固定。

2. **训练方法**

双脚缓慢向后移动，直到身体前倾与地面成 60°，双腿自然分开并保持伸直，双脚脚尖缓慢发力蹬地，然后缓慢还原动作。完成动作时间 1~2 秒钟，还原动作 2~3 秒钟。每组动作 20~30 次，完成 10~15 组，组间间歇 45~60 秒钟。

3. **注意事项**

整个动作过程屈臂夹紧贴于体侧，躯干保持固定。

4. **训练部位**

腓肠肌、比目鱼肌。

练习 56　双臂悬吊单腿支撑蹬伸

1. **开始姿势**

身体直立，将悬吊环分别套住双手，屈臂固定。

2. **训练方法**

双脚缓慢向后移动，直到身体前倾与地面成 60°，双腿自然分开并保持伸直，缓慢屈膝抬起一条腿，另一条腿支撑，脚尖缓慢发力蹬伸，然后缓慢还原动作。完成动作时间 1~2 秒钟，还原动作 2~3 秒钟。每组动作 20~30 次，完成 10~15 组，再换另一侧进行，组间间歇 45~60 秒钟。

3. **注意事项**

整个动作过程躯干保持固定，不晃动。

4. **训练部位**

竖脊肌、腓肠肌、比目鱼肌。

练习 57 上侧腿悬吊单肘侧卧支撑

1. **开始姿势**

侧卧于垫上，将悬吊环套住上侧脚脚踝。

2. **训练方法**

单肘支撑身体，身体展开成水平，另一侧手臂紧贴身体。上方腿固定，下方腿紧贴上方腿，完成动作后静止 30~60 秒钟，每组动作重复 10~15 次，完成 5~10 组，再换另一侧进行，组间间歇 45~60 秒钟。

3. **注意事项**

整个动作过程躯干保持固定，两脚脚尖朝前。

4. **训练部位**

股四头肌、阔筋膜张肌、耻骨肌。

练习 58　下侧腿悬吊单肘侧卧支撑

1. **开始姿势**

侧卧于垫上，将悬吊环套住下侧腿脚踝。

2. **训练方法**

单肘支撑身体，身体展开成水平，另一侧手臂紧贴身体。下侧腿固定，上侧腿缓慢向上展开，双腿夹角 45°。完成动作后静止 30~60 秒钟，每组动作重复 10~15 次，完成 5~10 组，再换另一侧进行，组间间歇 45~60 秒钟。

3. **注意事项**

整个动作过程躯干保持固定，两脚脚尖朝前。

4. **训练部位**

股四头肌、阔筋膜张肌、缝匠肌、梨状肌。

练习 59　单腿悬吊侧撑前后摆动

1. **开始姿势**

侧卧于垫上，将悬吊环套住上侧腿脚踝。

2. **训练方法**

单肘支撑身体，身体展开成水平，另一侧手臂紧贴身体。上侧腿固定，缓慢向前摆动下侧腿，感觉适度牵拉感，缓慢还原动作向后摆动。完成动作时间 1~2 秒钟，还原动作 2~3 秒钟。每组动作 20~30 次，完成 10~15 组，再换另一侧进行，组间间歇 45~60 秒钟。

3. **注意事项**

整个动作过程躯干保持固定，不晃动。

4. **训练部位**

腓肠肌、比目鱼肌。

练习 60　滑轮悬吊仰卧双腿交替下压

1. 开始姿势

仰卧于垫上，悬吊环套于双脚脚跟。

2. 训练方法

双臂紧贴地面，发力，腰部腾空保持固定，左右腿交替下压。完成动作时间 1~2 秒钟，还原动作 2~3 秒钟。每组动作 20~30 次，完成 10~15 组，再换另一侧进行，组间间歇 45~60 秒钟。

3. 注意事项

整个动作过程躯干保持固定，不晃动。

4. 训练部位

股四头肌、股二头肌、腰大肌、髂腰肌。

练习 61　滑轮悬吊俯卧双腿交替下压

1. 开始姿势

俯卧于垫上，悬吊环套于双脚脚面。

2. 训练方法

双肘发力，悬挂身体，左右腿交替下压。完成动作时间1~2 秒钟，还原动作 2~3 秒钟。每组动作 20~30 次，完成10~15 组，再换另一侧进行，组间间歇 45~60 秒钟。

3. 注意事项

整个动作过程躯干保持固定，不晃动。

4. 训练部位

股四头肌、股二头肌、腰大肌、髂腰肌、腹直肌。

四、核心稳定训练

练习 62　悬吊双腿 V 型支撑

1. 开始姿势

坐于垫上，将悬吊环套住双脚脚踝，身体后仰，双臂支撑。

2. 训练方法

双臂发力伸直，固定，缓慢抬起臀部，收腹成 V 型，静止。完成动作时间 1~2 秒钟，还原动作 2~3 秒钟，动作完成后静止 45~60 秒钟。每组动作 10~15 次，完成 5~10 组，组间间歇 45~60 秒钟。

3. 注意事项

整个动作过程双臂伸直保持固定。

4. 训练部位

腹直肌、腹横肌、三角肌。

练习 63　悬吊单腿 V 型支撑

1. 开始姿势

坐于垫上，将悬吊环套住一脚脚踝，身体后仰，双臂支撑。

2. 训练方法

双臂发力伸直，固定，缓慢抬起臀部，收腹成 V 型，静止。完成动作时间 1~2 秒钟，还原动作 2~3 秒钟，动作完成后静止 45~60 秒钟。每组动作 10~15 次，完成 5~10 组，再换另一侧，组间间歇 45~60 秒钟。

3. 注意事项

整个动作过程双臂伸直保持固定。

4. 训练部位

腹直肌、腹横肌、三角肌。

练习 64　悬吊单肘并腿侧撑

1. 开始姿势

身体直立，将悬吊环套住一侧手臂肘部。

2. 训练方法

侧倒，肘部固定，支撑身体。另一侧手臂紧贴身体，保持平衡，静止。完成动作时间 1~2 秒钟，还原动作 2~3 秒钟，动作完成后静止 45~60 秒钟。每组动作 10~15 次，完成 5~10 组，再换另一侧，组间间歇 45~60 秒钟。

3. 注意事项

整个动作过程双臂伸直保持固定，脚尖保持向前。

4. 训练部位

腹内斜肌、腹外斜肌、多裂肌。

练习 65　悬吊单肘侧支撑抬腿

1. **开始姿势**

身体直立，将悬吊环套住一侧手臂肘部。

2. **训练方法**

侧倒，肘部固定，支撑身体。另一侧手臂紧贴身体，上侧腿缓慢上抬，两腿夹角大于 30°并保持静止。完成动作时间 1~2 秒钟，还原动作 2~3 秒钟，动作完成后静止 45~60 秒钟。每组动作 10~15 次，完成 5~10 组，再换另一侧，组间间歇 45~60 秒钟。

3. **注意事项**

整个动作过程躯体保持固定，脚尖保持向前。

4. **训练部位**

腹内斜肌、腹外斜肌、多裂肌、耻骨肌。

练习 66　悬吊双腿俯卧背起

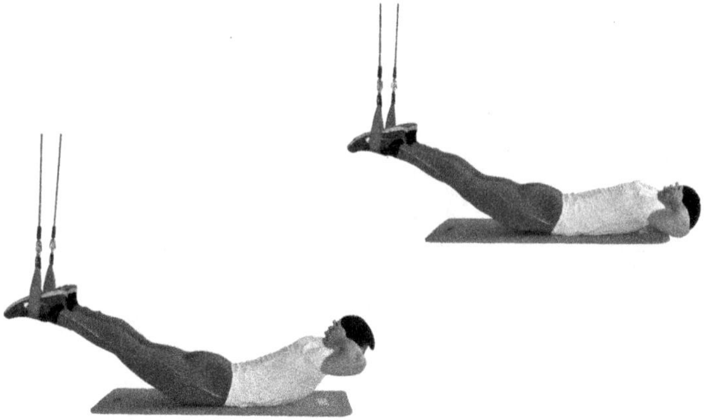

1. **开始姿势**

俯卧于垫上，将悬吊环套住双脚脚面，两手抱头。

2. **训练方法**

缓慢背起，幅度尽可能大，达到最大后静止。完成动作时间 1~2 秒钟，还原动作 2~3 秒钟。动作完成后静止 45~60 秒钟，每组动作 10~15 次，完成 5~10 组，组间间歇 45~60 秒钟。

3. **注意事项**

整个动作过程双腿伸直保持固定，脚尖绷直。

4. **训练部位**

竖脊肌、多裂肌、臀大肌。

练习 67　悬吊双腿双肘支撑收腹

1. **开始姿势**

俯卧于垫上，将悬吊环套住双脚脚面。

2. **训练方法**

屈双臂，肘部固定，双肘支撑悬挂身体，保持身体在一条水平线。脚面紧贴悬吊环，缓慢地伸直双腿并收腹，然后再缓慢地还原。完成动作时间 3~5 秒钟，还原动作 2~3 秒钟。每组动作 10~15 次，完成 5~10 组，组间间歇 45~60 秒钟。

3. **注意事项**

整个动作过程双肘保持固定，双腿伸直并收腹。

4. **训练部位**

腹直肌、竖脊肌、多裂肌、三角肌。

练习 68　悬吊双臂仰卧左右摆动双腿

1. 开始姿势

仰卧于垫上，双手伸直分别握住悬吊环。

2. 训练方法

双腿伸直并腿，收腹上举，缓慢向左侧斜下方摆动，感觉到适度牵拉感后还原到中央位，缓慢向右侧斜下方摆动，然后再缓慢地还原。完成动作时间 3~5 秒钟，还原动作 2~3 秒钟。每组动作 10~15 次，完成 5~10 组，组间间歇 45~60 秒钟。

3. 注意事项

整个动作过程中躯干发力紧贴垫子，双腿伸直收腹。

4. 训练部位

腹内斜肌、腹外斜肌、竖脊肌、多裂肌。

练习 69　悬吊双臂并腿上举

1. 开始姿势

身体直立，双手分握悬吊环，掌心相对。

2. 训练方法

屈臂，并腿缓慢上举，幅度尽可能大，达到最大后静止。完成动作时间 3~5 秒钟，还原动作 2~3 秒钟。动作完成后静止 15~30 秒钟，每组动作 10~15 次，完成 5~10 组，组间间歇 45~60 秒钟。

3. 注意事项

静止状态时要保持背部紧张。

4. 训练部位

竖脊肌、多裂肌、髂腰肌、股四头肌、腹直肌。

练习 70　悬吊双腿仰卧起坐

1. 开始姿势

仰卧于垫上，将悬吊环分别挂住双脚脚跟。

2. 训练方法

缓慢屈膝，同时两手抱头做仰卧起坐。完成动作时间 1~2 秒钟，还原动作 2~3 秒钟。每组动作 20~30 次，完成 5~10 组，组间间歇 45~60 秒钟。

3. 注意事项

整个动作过程双腿保持平行，不外展。

4. 训练部位

腹直肌、股二头肌、臀大肌、半腱肌、半膜肌、竖脊肌。

练习 71　悬吊双腿双臂支撑俯卧收腿

1. 开始姿势

俯卧于垫上，将悬吊环分别挂住双脚脚面。

2. 训练方法

双臂支撑，将身体悬挂，双臂伸直提髋成 V 型支撑，脚面紧贴悬吊环，保持双臂固定，缓慢地屈膝收右腿，还原后再缓慢地屈膝收左腿。完成动作时间 2~3 秒钟，还原动作 1~2 秒钟。每组动作 20~30 次，完成 5~10 组，组间间歇 45~60 秒钟。

3. 注意事项

整个动作过程双腿不外展。

4. 训练部位

腹直肌、股二头肌、髂腰肌、腰大肌、多裂肌。

练习 72　悬吊双腿单臂支撑转体提髋

1. 开始姿势

俯卧于垫上，将悬吊环分别挂住双脚脚面。

2. 训练方法

双臂伸直支撑，将身体悬挂，双腿自然分开。单臂支撑，缓慢地向外转体，脚面贴紧悬吊环，然后缓慢地内收手臂转体，同时收腹提髋。完成动作时间 2~3 秒钟，还原动作 1~2 秒钟。每组动作 20~30 次，完成 5~10 组，再换另一侧。组间间歇 45~60 秒钟。

3. 注意事项

整个动作过程躯干保持水平，不塌腰。

4. 训练部位

腹内斜肌、腹外斜肌、股四头肌、竖脊肌、多裂肌。

练习 73 悬吊单臂半蹲后转体

1. **开始姿势**

身体直立，直臂单手握住悬吊环。

2. **训练方法**

直臂，身体后倾，保持屈膝半蹲，缓慢地直臂外展向后转体，直到感觉适度拉伸感，目视斜下方，然后缓慢还原动作。完成动作时间 2~3 秒钟，还原动作 1~2 秒钟。每组动作 20~30 次，完成 5~10 组，再换另一侧。组间间歇 45~60 秒钟。

3. **注意事项**

整个动作过程躯干保持水平，不塌腰。

4. **训练部位**

腹内斜肌、腹外斜肌、股四头肌、竖脊肌、多裂肌。

练习 74　悬吊双腿双臂支撑左右收腹

1. 开始姿势

俯卧于垫上，将悬吊环套住双脚脚面。

2. 训练方法

伸直双臂支撑，悬挂身体，保持身体为一条水平线。脚面紧贴悬吊环并缓慢地屈膝向左右收腹，然后再缓慢地还原。完成动作时间 3~5 秒钟，还原动作 2~3 秒钟。每组动作 10~15 次，完成 5~10 组，组间间歇 45~60 秒钟。

3. 注意事项

整个动作过程双臂保持固定，屈膝收腹用力要均匀。

4. 训练部位

腹内斜肌、腹外斜肌、竖脊肌、多裂肌、三角肌、股四头肌。

练习 75　悬吊双腿双臂支撑挺身收腹

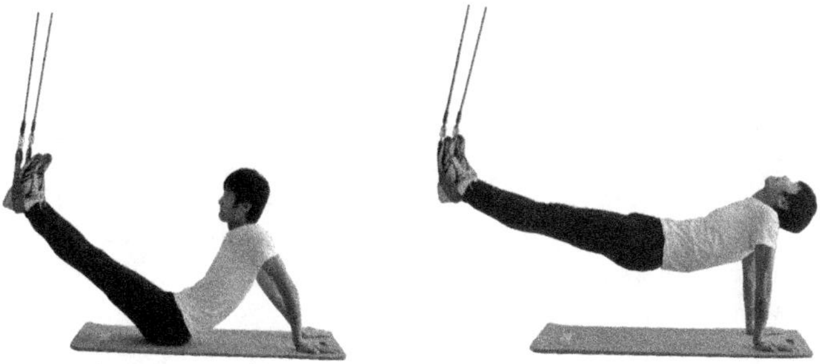

1. 开始姿势

仰卧于垫上，将悬吊环套住双脚脚跟。

2. 训练方法

双臂缓慢发力伸直，悬挂身体，身体水平成为一条直线，缓慢收腹使身体成 V 型，然后再缓慢地还原。完成动作时间 1~2 秒钟，还原动作 3~5 秒钟。每组动作 10~15 次，完成 5~10 组，组间间歇 45~60 秒钟。

3. 注意事项

整个动作过程双臂保持固定。

4. 训练部位

冈下肌、小圆肌、大圆肌、腹直肌、腹横肌。

练习 76　悬吊倒立收腹

1. **开始姿势**

肩肘倒立于悬吊装置前，将悬吊环套于双脚脚面。

2. **训练方法**

倒悬身体，屈臂收腹。完成动作时间 1~2 秒钟，还原动作 2~3 秒钟。每组动作 20~30 次，完成 10~15 组，组间间歇 45~60 秒钟。

3. **注意事项**

整个动作过程躯干保持固定，不晃动。

4. **训练部位**

股四头肌、股二头肌、腰大肌、髂腰肌、腹直肌。

五、悬吊训练与其他训练相结合

经过悬吊单项训练的适应过程后，如果能够娴熟地完成悬吊训练技术动作，并且具备一定的本体控制能力，以及力量基础，就可以将悬吊训练与其他器械组合，适当提升悬吊训练难度，从而通过其他器械更好地激发悬吊训练的训练效果。

（一）悬吊训练与平衡训练组合

练习 77　单腿悬吊踩平衡垫前蹬

1. 开始姿势

身体直立，右脚站立于平衡垫上，左脚踩住悬吊环。

2. 训练方法

身体前倾，同时缓慢地前伸小腿，直到感觉拉伸感，缓慢还原动作。完成动作时间 1~2 秒钟，还原动作 2~3 秒钟。每组动作 20~30 次，完成 10~15 组，再换另一腿，组间间歇 45~60 秒钟。

3. 注意事项

整个动作过程保持上体固定，支撑腿发力控制平衡。

4. 训练部位

竖脊肌、半腱肌、半膜肌、股二头肌、腓肠肌。

练习 78　单脚踩平衡垫悬吊双臂单腿前摆下蹲

1. 开始姿势

面对悬吊环站立，双手分握悬吊环，双脚踩住平衡垫。

2. 训练方法

身体后倾，同时抬起一条腿前摆悬空。支撑腿缓慢下蹲，动作完成后还原。完成动作时间 1~2 秒钟，还原动作 2~3 秒钟。每组动作 20~30 次，完成 10~15 组，再换另一腿，组间间歇 45~60 秒钟。

3. 注意事项

整个动作过程上体固定，支撑腿发力控制平衡。

4. 训练部位

股四头肌、竖脊肌、半腱肌、半膜肌。

练习 79　悬吊单腿前弓步

1. 开始姿势

背向悬吊绳站立，一脚踩平衡垫，将悬吊环套住另一脚脚面。

2. 训练方法

缓慢下蹲，同时悬吊脚后移成前弓步，直到感觉拉伸感，缓慢还原动作。完成动作时间 1~2 秒钟，还原动作 2~3 秒钟。每组动作 20~30 次，完成 10~15 组，再换另一腿，组间间歇 45~60 秒钟。

3. 注意事项

整个动作过程保持上体固定，支撑腿发力控制平衡。

4. 训练部位

股四头肌、竖脊肌、半腱肌、半膜肌、股薄肌。

练习 80　双脚踩平衡垫悬吊单肘侧支撑展腿

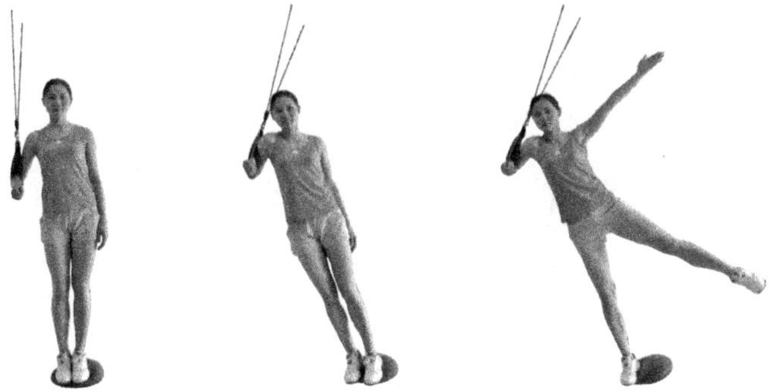

1. 开始姿势

身体直立，将悬吊环套住一侧手臂肘部，双脚踩在平衡垫上。

2. 训练方法

侧倒，肘部固定支撑身体。另一侧手臂向侧上方伸直，保持平衡，外侧腿缓慢上抬，两腿夹角大于 30°并保持静止。完成动作时间 1~2 秒钟，还原动作 2~3 秒钟，动作完成后静止 45~60 秒钟。每组动作 10~15 次，完成 5~10 组，再换另一腿，组间间歇 45~60 秒钟。

3. 注意事项

整个动作过程躯体保持固定，脚尖保持向前。

4. 训练部位

腹内斜肌、腹外斜肌、多裂肌、耻骨肌、半膜肌、半腱肌。

练习 81　悬吊单腿侧弓步

1. **开始姿势**

侧对悬吊环站立，单腿屈膝踩住悬吊环，支撑脚踩平衡垫。

2. **训练方法**

支撑腿固定，悬吊腿缓慢向另一侧移动成侧弓步，然后缓慢内收小腿还原动作。完成动作时间 1~2 秒钟，还原动作 2~3 秒钟。每组动作 20~30 次，完成 10~15 组，再换另一侧，组间间歇 45~60 秒钟。

3. **注意事项**

整个动作过程上体始终保持正直。

4. **训练部位**

竖脊肌、大腿内收肌群。

（二）悬吊训练与迷你训练带组合

练习 82　双臂支撑悬吊双腿抗阻外展

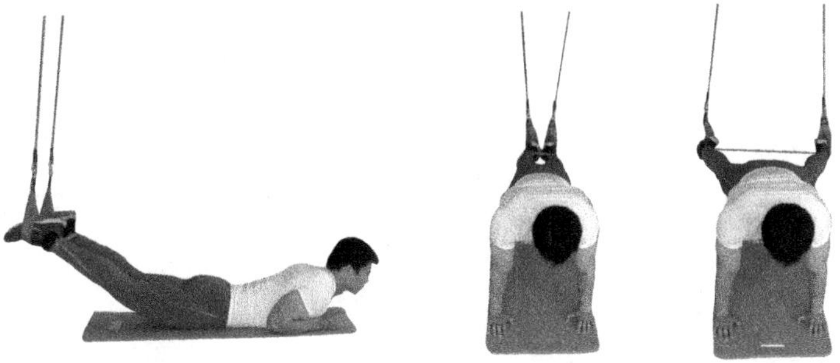

1. 开始姿势

俯卧于垫上，将训练带套住双脚脚踝，悬吊环套在双脚脚面上。

2. 训练方法

双臂伸直支撑，悬挂身体，躯体正直，双腿并拢并伸直。保持身体水平，目视前下方。双腿缓慢外展至最大，缓慢还原动作。每组动作 20~30 次，完成 3~5 组，组间间歇 30~45 秒钟。

3. 注意事项

整个动作过程躯体保持水平，避免塌腰，双腿外展时用力均匀。

4. 训练部位

竖脊肌、多裂肌、股四头肌、三角肌、半腱肌、半膜肌。

练习 83 仰卧悬吊双腿抗阻外展

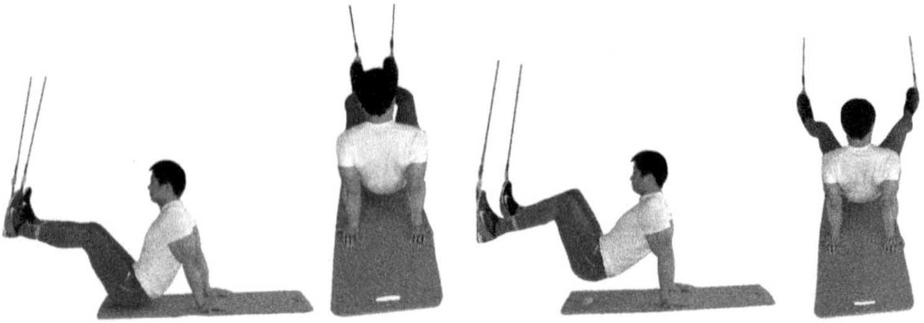

1. **开始姿势**

仰卧于垫上，将训练带套住双脚脚踝，悬吊环挂住双脚脚跟。

2. **训练方法**

双臂发力支撑，屈膝提髋，保持臀部高度固定，缓慢均匀用力使双腿外展至最大状态，缓慢还原动作。完成动作时间 1~2 秒钟，还原动作 2~3 秒钟。每组动作 20~30 次，完成 3~5 组，组间间歇 45~60 秒钟。

3. **注意事项**

整个动作过程躯体保持水平，避免塌腰，双腿外展时用力均匀。

4. **训练部位**

臀大肌、梨状肌、缝匠肌、大腿内收肌群、半腱肌、半膜肌。

练习 84　单肘侧撑悬吊上方腿前后摆动

1. 开始姿势

坐于垫上，将训练带套住双脚脚踝，悬吊环套住上方脚脚踝。

2. 训练方法

转体单肘支撑身体，身体展开成水平，上侧手臂向侧上方伸直。上侧腿固定，缓慢向前摆动下侧腿到最大，缓慢还原动作向后摆动。完成动作时间 1~2 秒钟，还原动作 2~3 秒钟。每组动作 20~30 次，完成 10~15 组，再换另一侧进行，组间间歇 45~60 秒钟。

3. 注意事项

整个动作过程躯干保持固定，不晃动。

4. 训练部位

腓肠肌、比目鱼肌、股二头肌、股四头肌。

练习 85　单肘侧卧支撑悬吊下方腿抗阻外展

1. **开始姿势**

坐于垫上，将训练带套住双脚脚踝，悬吊环套住下侧脚脚踝。

2. **训练方法**

转体单肘支撑身体，身体展开成水平，上侧手臂向侧上方伸直。下侧腿固定，上侧腿缓慢向上展开到最大，缓慢还原动作。完成动作时间 1~2 秒钟，还原动作 2~3 秒钟。每组动作 20~30 次，完成 3~5 组，再换另一侧腿，组间间歇 45~60 秒钟。

3. **注意事项**

整个动作过程躯干保持固定，两脚脚尖朝前。

4. **训练部位**

股四头肌、阔筋膜张肌、缝匠肌、髂腰肌、腰大肌。

练习 86 俯卧肘支撑悬吊单腿屈膝抗阻外展

1. 开始姿势

跪于垫上，将训练带套住双脚脚踝，悬吊环套在单脚脚面。

2. 训练方法

双臂发力支撑，将身体悬挂，稍向上提髋，屈膝保持固定，悬挂腿固定，另一侧腿缓慢屈膝外展，缓慢还原动作。完成动作时间 1~2 秒钟，还原动作 2~3 秒钟。每组动作 20~30 次，完成 3~5 组，再换另一侧腿，组间间歇 45~60 秒钟。

3. 注意事项

整个动作过程躯干保持固定，外展过程中悬挂腿不晃动。

4. 训练部位

股四头肌、阔筋膜张肌、缝匠肌、髂腰肌、腰大肌。

(三) 悬吊训练与瑞士球组合

练习 87　悬吊双臂跪撑瑞士球上摆

1. **开始姿势**

跪于瑞士球上，双手分握悬吊环。

2. **训练方法**

两小腿固定于瑞士球上，两臂直臂上摆，展体，上体与臂保持水平，悬挂身体，然后缓慢还原到初始姿势。完成动作时间 1~2 秒钟，还原动作 2~3 秒钟。每组动作 20~30 次，完成 10~15 组，组间间歇 45~60 秒钟。

3. **注意事项**

整个动作过程躯干保持水平姿势，腿部不发力。

4. **训练部位**

胸大肌、腹直肌、前锯肌、三角肌。

练习 88　双臂悬吊俯卧撑

1. 开始姿势

双腿搭于球上，两腿自然分开站立，双臂撑于环上。

2. 训练方法

双腿固定于球上，双臂屈臂下压，完成俯卧撑动作。完成动作时间 1~2 秒钟，还原动作 2~3 秒钟。每组动作 20~30 次，完成 10~15 组，组间间歇 45~60 秒钟。

3. 注意事项

整个动作过程背部发力，腰部不下塌。

4. 训练部位

三角肌、竖脊肌、背阔肌、肱二头肌、肱三头肌。

练习 89 双脚撑球悬吊双臂俯卧屈膝收腿

1. 开始姿势

俯卧于球上，双手撑住悬吊环。

2. 训练方法

双臂胸前伸直撑住悬吊绳，悬挂身体成俯卧撑姿势，肩部至膝关节呈直线。收腹拉球于腹部最大位置，还原开始姿势，身体保持稳定。完成动作时间 1~2 秒钟，还原动作 2~3 秒钟。每组动作 20~30 次，完成 3~5 组，组间间歇 45~60 秒钟。

3. 注意事项

整个动作过程保持身体稳定运动。

4. 训练部位

腹直肌、三角肌、臀大肌、股二头肌、三角肌。

练习 90　悬吊双臂跪姿收腹拉球

1. 开始姿势

身体直立，双手握住悬吊环，掌心相对。

2. 训练方法

双膝跪于球上，双手屈臂拉近悬吊环，整个身体保持稳定，挺髋展腹使身体重心缓缓下降，膝关节推球向外至最大程度，然后再缓缓拉回呈开始姿势。完成动作时间 1~2 秒钟，还原动作 2~3 秒钟。每组动作 20~30 次，完成 3~5 组，组间间歇 45~60 秒钟。

3. 注意事项

整个动作过程保持身体稳定运动，双手不随意晃动。

4. 训练部位

髂腰肌、股二头肌、三角肌、背阔肌、菱形肌。

练习 91　双臂撑球悬吊双腿俯卧收腿

1. 开始姿势

俯卧于球上，将悬吊环分别挂在双脚脚面上。

2. 训练方法

双臂发力直臂撑球，将身体悬挂，双臂伸直提髋成 V 型支撑，脚面紧贴悬吊环，保持双臂固定，缓慢地屈膝收腿。完成动作时间 2~3 秒钟，还原动作 1~2 秒钟。每组动作 20~30 次，完成 5~10 组，组间间歇 45~60 秒钟。

3. 注意事项

整个动作过程双臂发力支撑，躯干保持稳定。

4. 训练部位

腹直肌、股二头肌、髂腰肌、腰大肌、多裂肌、三角肌。

练习 92　双腿撑球双臂悬吊外展

1. 开始姿势

跪撑于球上，双手分握悬吊环，胸前伸直。

2. 训练方法

上体保持正直，双臂缓慢外展成侧平举。完成动作时间 2~3 秒钟，还原动作 1~2 秒钟。每组动作 20~30 次，完成 5~10 组，组间间歇 45~60 秒钟。

3. 注意事项

整个动作过程手臂发力，躯干保持稳定。

4. 训练部位

腹直肌、髂腰肌、腰大肌、多裂肌、三角肌。

拓展篇

悬吊训练在专项训练中的延伸与应用

一、球类运动

(一) 篮 球

强对抗性是当代篮球运动的突出特点之一。篮球运动员的身体形态一般比较高大。因为其重心位置高、稳定角小、稳定性差，所以在发生速度方向的突然变化时需要身体躯干部位具有高度稳定性。研究表明，训练和发展运动员的核心力量，不仅能够增强篮球运动员直接对抗所需要的肌肉力量，还可以控制运动员的身体姿态和重心位置，减少腰膝部发生运动损伤的几率，对延长运动员的运动寿命具有重要意义。悬吊训练作为发展体能的重要手段之一，其核心力量的训练比传统力量训练更全面、系统。以下为几种简单的核心力量练习方法，供在篮球力量练习中参考。

练习 93　悬吊双腿单臂支撑转体提髋

1. 开始姿势

俯卧于垫上，将悬吊环分别挂在双脚脚面上。

2. 训练方法

双臂伸直支撑，将身体悬挂，双腿自然分开。单臂支撑，缓慢地向外转体，脚面贴紧悬吊环，然后缓慢地内收手臂转体，同时收腹提髋。完成动作时间 2~3 秒钟，还原动作 1~2 秒钟。每组动作 20~30 次，完成 5~10 组，再换另一侧。组间间歇 45~60 秒钟。

3. 注意事项

整个动作过程躯干保持水平，不塌腰。

4. 训练部位

腹内斜肌、腹外斜肌、股四头肌、竖脊肌、多裂肌。

练习 94　悬吊双腿双臂支撑挺身收腹

1. **开始姿势**

仰卧于垫上，将悬吊环套住双脚脚跟。

2. **训练方法**

双臂缓慢发力伸直，悬挂身体，身体水平成为一条直线，缓慢地收腹使身体成 V 型，然后再缓慢地还原。完成动作时间 1~2 秒钟，还原动作 3~5 秒钟。每组动作 10~15 次，完成 5~10 组，组间间歇 45~60 秒钟。

3. **注意事项**

整个动作过程双臂保持固定。

4. **训练部位**

冈下肌、小圆肌、大圆肌、腹直肌、腹横肌。

练习 95　悬吊双腿仰卧起坐

1. 开始姿势

仰卧于垫上，将悬吊环分别挂在双脚脚面上。

2. 训练方法

缓慢屈膝，同时两手抱头做仰卧起坐。完成动作时间 1~2 秒钟，还原动作 2~3 秒钟。每组动作 20~30 次，完成 5~10 组，组间间歇 45~60 秒钟。

3. 注意事项

整个动作过程双腿保持正确姿势，不外展。

4. 训练部位

腹直肌、股二头肌、臀大肌、半腱肌、半膜肌、竖脊肌。

练习 96　悬吊双腿双臂支撑左右收腹

1. 开始姿势

俯卧于垫上，将悬吊环套住双脚脚面。

2. 训练方法

伸直双臂支撑，悬挂身体，保持身体在一条水平线。脚面紧贴悬吊环并缓慢地屈膝向左右收腹，然后再缓慢地还原。完成动作时间 3~5 秒钟，还原动作 2~3 秒钟。每组动作 10~15 次，完成 5~10 组，组间间歇 45~60 秒钟。

3. 注意事项

整个动作过程双臂保持固定，屈膝收腹用力要均匀。

4. 训练部位

腹内斜肌、腹外斜肌、竖脊肌、多裂肌、三角肌、股四头肌。

练习 97　悬吊双臂仰卧左右摆动双腿

1. 开始姿势

仰卧于垫上，双手伸直分别握住悬吊环。

2. 训练方法

双腿伸直并腿，收腹上举，缓慢向左侧斜下方摆动，感觉到适度牵拉感后还原到中央位，缓慢向右侧斜下方摆动，然后再缓慢地还原。完成动作时间 3~5 秒钟，还原动作 2~3 秒钟。每组动作 10~15 次，完成 5~10 组，组间间歇 45~60 秒钟。

3. 注意事项

整个动作过程躯干发力紧贴垫子，双腿伸直收腹。

4. 训练部位

腹内斜肌、腹外斜肌、竖脊肌、多裂肌。

（二）足 球

在足球运动中，运动员通常是在克服自身体重、与他人激烈对抗的情况下快速完成起动、变向、加速、射门等动作，很多动作都是在非稳定状态下进行的，这就意味着足球运动员需要强大的力量做支撑。除此之外，球员还应该具有良好的平衡能力和稳定性。在人体肌群中，核心部位肌群起到的就是控制动作稳定性的作用，而这些核心部位往往都是深层肌群，如多裂肌、腰方肌、腹直肌等。以下为几种悬吊训练方法。

练习 98　双臂悬吊双膝跪平衡垫前伸

1. 开始姿势

跪于平衡垫上，双手分别握住悬吊环。

2. 训练方法

双臂向前伸展并拢，双腿自然分开。双臂缓慢地向前方推伸，上体前倾，直到微有拉伸感，然后缓慢地还原动作。完成动作时间 2~3 秒钟，还原动作 1~2 秒钟。每组动作 20~30 次，完成 5~10 组，再换另一侧，组间间歇 45~60 秒钟。

3. 注意事项

整个动作过程不塌腰。

4. 训练部位

三角肌、冈上肌、腹直肌、多裂肌。

练习 99　双腿悬吊前臂支撑左右摆动

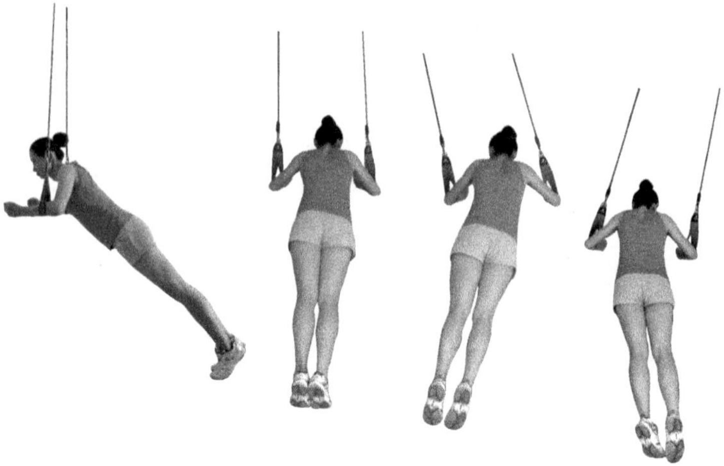

1. 开始姿势

身体前倾，将悬吊环套住双手手臂。

2. 训练方法

双肘支撑，双臂缓慢发力，腰部缓慢地左右摆动。完成动作时间 1~2 秒钟，还原动作 3~5 秒钟。每组动作 10~15 次，完成 5~10 组，组间间歇 45~60 秒钟。

3. 注意事项

整个动作过程双臂保持固定，腰部控制摆动节奏与幅度。

4. 训练部位

多裂肌、竖脊肌、腹内斜肌、腹外斜肌、腰方肌。

练习 100　悬吊俯卧左右摆动

1. 开始姿势

俯卧于悬吊护带上。

2. 训练方法

双脚固定，悬挂身体，身体与地面成 45°。身体重心落于双臂，腰部发力，缓慢左右摆动上体。完成动作时间 1~2 秒钟，还原动作 2~3 秒钟。每组动作 20~30 次，完成 5~10 组，组间间歇 45~60 秒钟。

3. 注意事项

整个动作过程中双脚支撑地面不能移动，腰部发力，上体保持整体性。

4. 训练部位

多裂肌、腹外斜肌、腹内斜肌、腰方肌。

练习 101　悬吊双腿倒立折叠收腹

1. **开始姿势**

肩肘倒立于垫上，悬吊环套在双脚脚面上。

2. **训练方法**

收腹、屈膝折叠身体，然后缓慢还原动作，重复动作。完成动作时间 3~5 秒钟，还原动作 2~3 秒钟。每组动作 10~15 次，完成 5~10 组，组间间歇 45~60 秒钟。

3. **注意事项**

整个动作上肢紧贴地面，屈膝收腹过程中保持下肢不触地。

4. **训练部位**

腹直肌、股四头肌、多裂肌、腰方肌、腹直肌、股二头肌。

练习 102　悬吊双腿俯卧支撑

1. **开始姿势**

仰卧于垫上，悬吊环挂住双脚脚踝。

2. **训练方法**

双臂伸直支撑，腰部发力，悬挂身体，静止 45~60 秒钟。完成动作时间 1~3 秒钟，还原动作 2~3 秒钟。每组动作 10~15 次，完成 5~10 组，组间间歇 45~60 秒钟。

3. **注意事项**

整个动作过程中双腿同时发力，腰腹保持水平。

4. **训练部位**

臀大肌、股四头肌、股二头肌、梨状肌。

(三) 排 球

排球运动是一项激烈的隔网对抗运动，虽然两队运动员之间没有直接的身体接触，但对于体能的要求也相当严格。排球运动容易出现伤病的部位是腰部，这是因为大部分从事排球运动的人群只重视对上、下肢的力量训练，而忽视了对腰腹力量的训练。腰腹部力量弱就会引起上下肢动作脱节，不仅会引起技术动作变形，还会影响滞空水平，严重的会造成腰部受伤。悬吊训练摆脱了过去单纯依靠仰卧起坐增强腰腹力量的方式，使锻炼腰腹力量手段更加有科学性与趣味性。以下为几种有效增强腰腹力量的悬吊训练方法。

练习 103　悬吊双腿俯卧背起

1. 开始姿势

俯卧于垫上，将悬吊环套在双脚脚面上。

2. 训练方法

缓慢背起，幅度尽可能大，达到最大后静止。完成动作时间 1~2 秒钟，还原动作 2~3 秒钟。动作完成后静止 45~60 秒钟，每组动作 10~15 次，完成 5~10 组，组间间歇 45~60 秒钟。

3. 注意事项

整个动作过程双腿伸直保持固定，脚尖绷直。

4. 训练部位

竖脊肌、多裂肌、臀大肌。

练习 104　悬吊双腿双肘支撑收腹

1. 开始姿势

俯卧于垫上，将悬吊环套在双脚脚面上。

2. 训练方法

肘部固定，双肘支撑悬挂身体，保持身体在一条水平线。脚面紧贴悬吊环并缓慢地双腿伸直收腹，然后再缓慢地还原。完成动作时间 3~5 秒钟，还原动作 2~3 秒钟。每组动作 10~15 次，完成 5~10 组，组间间歇 45~60 秒钟。

3. 注意事项

整个动作过程双肘保持固定，双腿伸直并收腹。

4. 训练部位

腹直肌、竖脊肌、多裂肌、三角肌。

练习 105　悬吊双腿仰卧起坐

1. 开始姿势

肩倒立于垫上，将悬吊环分别挂在双脚脚面上。

2. 训练方法

缓慢屈膝，同时两手抱头做仰卧起坐。完成动作时间 1~2 秒钟，还原动作 2~3 秒钟。每组动作 20~30 次，完成 5~10 组，组间间歇 45~60 秒钟。

3. 注意事项

整个动作过程双腿保持伸直，不外展。

4. 训练部位

腹直肌、股二头肌、臀大肌、半腱肌、半膜肌、竖脊肌。

练习 106　悬吊双腿倒挂收腹折叠

1. **开始姿势**

肩肘倒立于垫上，悬吊环套在双脚脚面上。

2. **训练方法**

头朝下，悬挂身体，屈膝折叠收腹，然后缓慢还原动作，重复动作。完成动作时间 3~5 秒钟，还原动作 2~3 秒钟。每组动作 10~15 次，完成 5~10 组，组间间歇 45~60 秒钟。

3. **注意事项**

整个动作过程双手背后前伸。

4. **训练部位**

腹直肌、股四头肌、股二头肌、髂腰肌。

练习 107　悬吊单腿 V 型支撑

1. 开始姿势

坐于垫上，将悬吊环套住一脚脚踝，身体后仰，双臂支撑。

2. 训练方法

双臂发力伸直，固定，缓慢抬起臀部，收腹成 V 型，保持静止。完成动作时间 1~2 秒钟，还原动作 2~3 秒钟，动作完成后静止 45~60 秒钟，每组动作 10~15 次，完成 5~10 组，再换另一侧，组间间歇 45~60 秒钟。

3. 注意事项

整个动作过程双臂伸直保持固定。

4. 训练部位

腹直肌、腹横肌、三角肌。

二、田径运动

（一）跳跃类

田径项目中跳跃类项目包括跳远、三级跳远和跳高。跳跃运动除了需要运动员具有强大的爆发力之外，还要求具有强大的下肢和脚踝力量，为了控制好起跳腾空后的动作，运动员还应具备良好的腰腹力量。以下为几种有效增强下肢、脚踝和腰腹力量的悬吊训练方法。

练习 108　悬吊半蹲起

1. **开始姿势**

站立于悬吊环上，身体直立，双手握住悬吊带。

2. **训练方法**

屈膝，双腿缓慢下蹲，保持身体平衡，静止 30~45 秒钟，缓慢还原动作。完成动作时间 1~2 秒钟，还原动作 2~3 秒钟。每组动作 10~15 次，完成 5~10 组，再换另一侧，组间间歇 45~60 秒钟。

3. **注意事项**

整个动作过程躯体保持正直，下蹲时膝关节不超过脚尖。

4. **训练部位**

股四头肌、竖脊肌。

练习 109　悬吊双腿仰卧外展

1. 开始姿势

仰卧于垫上，将悬吊环挂住双脚脚跟。

2. 训练方法

双臂发力支撑，屈膝提髋，保持臀部高度固定，缓慢均匀用力使双腿外展，直到感觉拉伸感，缓慢还原动作。完成动作时间 1~2 秒钟，还原动作 2~3 秒钟。每组动作 20~30 次，完成 10~15 组，组间间歇 45~60 秒钟。

3. 注意事项

整个动作过程躯干始终发力保持水平， 避免塌腰。

4. 训练部位

臀大肌、梨状肌、缝匠肌、大腿内收肌群。

练习 110　悬吊单腿侧弓步

1. 开始姿势

身体直立，侧对悬吊环，单腿屈膝踩住悬吊环。

2. 训练方法

支撑腿固定，悬吊腿缓慢向另一侧移动成侧弓步，然后缓慢内收小腿还原动作。完成动作时间 1~2 秒钟，还原动作 2~3 秒钟。每组动作 20~30 次，完成 10~15 组，再换另一侧，组间间歇 45~60 秒钟。

3. 注意事项

整个动作过程上体始终保持正直。

4. 训练部位

竖脊肌、大腿内收肌群。

练习 111 悬吊双腿倒挂收腹折叠

1. 开始姿势

肩肘倒立于垫上，将悬吊环套在双脚脚面上。

2. 训练方法

头朝下，悬挂身体，屈膝折叠收腹，然后缓慢还原动作，重复动作。完成动作时间 3~5 秒钟，还原动作 2~3 秒钟。每组动作 10~15 次，完成 5~10 组，组间间歇 45~60 秒钟。

3. 注意事项

整个动作过程双手背后伸直。

4. 训练部位

腹直肌、股四头肌、股二头肌、髂腰肌。

练习 112　悬吊提踵

1. **开始姿势**

站立于悬吊环上，身体直立，双手握住悬吊带。

2. **训练方法**

身体正直，双手握住悬吊带，缓慢抬起后脚跟，缓慢放下。完成动作时间 1~2 秒钟，还原动作 2~3 秒钟。动作完成后静止 45~60 秒钟，每组动作 10~15 次，完成 5~10 组，再换另一侧，组间间歇 45~60 秒钟。

3. **注意事项**

整个动作过程保持躯体正直。

4. **训练部位**

腓肠肌、比目鱼肌。

(二) 短跑类

田径运动中短跑类项目是最具有视觉冲击力的运动项目，包括 100 米、200 米、400 米、110 米栏等项目。参与短跑运动的肌肉主要有腰部的髂腰肌、腹直肌，以及下肢的臀大肌、股四头肌、股二头肌、腓肠肌。以下为几种通过悬吊手段增强短跑力量的方法。

练习 113　悬吊双腿仰卧交替蹬伸

1. 开始姿势

仰卧于垫上，将悬吊环挂住两侧脚跟处，双臂紧贴地面。

2. 训练方法

双臂发力支撑，缓慢屈膝，提髋，屈膝达到直角后固定。保持髋部静止，双腿交替蹬伸，完成一组动作次数后缓慢还原动作。完成动作时间 1~2 秒钟，还原动作 2~3 秒钟。每组动作 20~30 次，完成 10~15 组，组间间歇 45~60 秒钟。

3. 注意事项

双脚交替蹬伸时保持上体固定。

4. 训练部位

竖脊肌、半腱肌、半膜肌、股二头肌、腓肠肌。

练习 114　悬吊单腿侧撑前后摆动

1. 开始姿势

侧卧于垫上，将悬吊环套在上脚脚踝处。

2. 训练方法

单肘支撑身体，身体展开成侧平，另一侧手臂紧贴身体。上侧腿固定，下侧腿缓慢向前摆动，感觉适度牵拉感，缓慢还原动作向后摆动。完成动作时间 1~2 秒钟，还原动作 2~3 秒钟。每组动作 20~30 次，完成 10~15 组，再换另一侧进行，组间间歇 45~60 秒钟。

3. 注意事项

整个动作过程躯干保持固定，不晃动。

4. 训练部位

腓肠肌、比目鱼肌。

练习 115　悬吊单腿俯卧外展

1. 开始姿势

俯卧于垫上，将悬吊环挂在一侧脚脚面上。

2. 训练方法

双臂发力支撑，一脚面紧贴悬吊环，另一条腿缓慢外展，直到感觉拉伸感，缓慢还原动作。完成动作时间 1~2 秒钟，还原动作 2~3 秒钟。每组动作 20~30 次，完成 10~15 组，再换另一侧腿，组间间歇 45~60 秒钟。

3. 注意事项

整个动作过程躯干始终发力并保持水平，避免塌腰。

4. 训练部位

臀大肌、臀中肌、股四头肌、大腿内收肌群。

练习116　悬吊双腿V型支撑

1. **开始姿势**

坐于垫上，将悬吊环套住双脚脚踝，身体后仰，双肘支撑。

2. **训练方法**

双臂发力伸直，固定，缓慢抬起臀部，收腹成V型，静止。完成动作时间1~2秒钟，还原动作2~3秒钟。动作完成后静止45~60秒钟，每组动作10~15次，完成5~10组，组间间歇45~60秒钟。

3. **注意事项**

整个动作过程双臂伸直保持固定。

4. **训练部位**

腹直肌、腹横肌、三角肌。

练习 117　悬吊双腿俯卧背起

1. 开始姿势

俯卧于垫上，将悬吊环套在双脚脚面上。

2. 训练方法

两手抱头缓慢背起，幅度尽可能大，达到最大后静止。完成动作时间 1~2 秒钟，还原动作 2~3 秒钟。动作完成后静止 45~60 秒钟，每组动作 10~15 次，完成 5~10 组，组间间歇 45~60 秒钟。

3. 注意事项

整个动作过程双腿伸直保持固定，脚尖保持固定。

4. 训练部位

竖脊肌、多裂肌、臀大肌。

(三) 投掷类

田径运动中投掷类项目包括铅球、标枪、铁饼、链球。投掷运动员需要强大的上肢力量作为基础，以往的投掷运动员常常忽视核心区力量的发展，以及对下肢力量的重视不足，因此造成了整个投掷动作的脱节，影响了运动成绩的发挥。以下为几种有效发展投掷运动员力量的悬吊训练方法。

练习 118　身体前倾屈臂下压

1. 开始姿势

前倾站立，双手直臂分握悬吊环，胸前伸直，掌心朝下。

2. 训练方法

身体前倾，直至与地面成 45°，然后缓慢屈臂下压身体，双臂夹角成锐角，然后还原动作。完成动作时间 1~2 秒钟，还原动作 2~3 秒钟。每组动作 20~30 次，完成 10~15 组，组间间歇 45~60 秒钟。

3. 注意事项

整个动作过程躯干保持固定。

4. 训练部位

胸大肌、前锯肌、三头肌。

练习 119　悬吊双臂屈臂慢放伸展

1. 开始姿势

将悬吊环套在双手上，掌心相对，保持屈臂上拉动作。

2. 训练方法

身体缓慢后倾的同时屈臂慢放伸展，直到整个双臂伸展，下放身体，缓慢屈臂上拉还原动作。完成动作时间 1~2 秒钟，还原动作 2~3 秒钟。每组动作 20~30 次，完成 10~15 组，组间间歇 45~60 秒钟。

3. 注意事项

因为注重的是离心力量练习，因此必须控制好下放速度。

4. 训练部位

肱二头肌、肱三头肌、肱桡肌、肱肌。

练习 120　俯卧悬吊单腿屈膝收腿

1. 开始姿势

俯卧于垫上，将悬吊环套住一只脚脚踝。

2. 训练方法

双臂支撑身体，将身体悬挂，身体展开成水平。悬吊腿固定，另一侧腿屈膝缓慢向前收腿，感觉适度牵拉感，缓慢还原动作。完成动作时间 1~2 秒钟，还原动作 2~3 秒钟。每组动作 20~30 次，完成 10~15 组，再换另一侧进行，组间间歇 45~60 秒钟。

3. 注意事项

整个动作过程躯干保持固定，不晃动。

4. 训练部位

股四头肌、股二头肌、缝匠肌。

练习 121 单肘侧撑悬吊展腿

1. 开始姿势

侧卧于垫上，将悬吊环套住下侧脚踝部。

2. 训练方法

肘部固定，支撑身体。另一侧手臂紧贴身体，上侧腿缓慢上抬，两腿夹角大于 30°保持静止。完成动作时间 1~2 秒钟，还原动作 2~3 秒钟。动作完成后静止 45~60 秒钟，每组动作 10~15 次，完成 5~10 组，再换另一侧，组间间歇 45~60 秒钟。

3. 注意事项

整个动作过程躯体保持固定。

4. 训练部位

腹内斜肌、腹外斜肌、多裂肌、耻骨肌。

练习 122　悬吊双臂并腿上举

1. 开始姿势

身体直立，双手分握悬吊环，掌心相对。

2. 训练方法

屈臂，并腿缓慢上举，幅度尽可能大，达到最大后静止。完成动作时间 3~5 秒钟，还原动作 2~3 秒钟。动作完成后静止 15~30 秒钟，每组动作 10~15 次，完成 5~10 组，组间间歇 45~60 秒钟。

3. 注意事项

静止状态时保持背部紧张。

4. 训练部位

竖脊肌、多裂肌、髂腰肌、股四头肌、腹直肌。

练习 123　滑轮悬吊俯卧撑

1. **开始姿势**

屈臂双手握悬吊环于胸前，两脚开立，与肩同宽。

2. **训练姿势**

双臂下压，身体前倾悬挂，缓慢还原动作。完成动作时间 1~2 秒钟，还原动作 2~3 秒钟。每组动作 20~30 次，完成 10~15 组，再换另一侧，组间间歇 45~60 秒钟。

3. **注意事项**

整个动作过程双臂均匀发力。

4. **训练部位**

肱二头肌、腹直肌、腹外斜肌、胸大肌。

练习 124　悬吊滑轮跪立左右轮摆

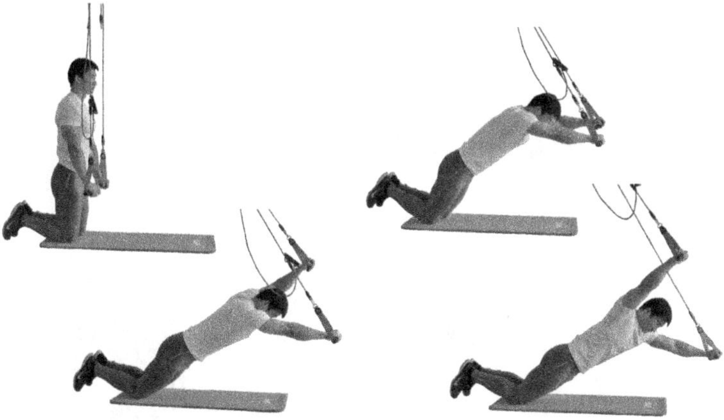

1. 开始姿势

跪立于垫上，双手握住悬吊环。

2. 训练姿势

身体前倾，向前上方直臂推送，单臂直臂下压，下压到有牵伸感，换另一侧臂下压。完成动作时间 1~2 秒钟，还原动作 2~3 秒钟。每组动作 20~30 次，完成 10~15 组，再换另一侧，组间间歇 45~60 秒钟。

3. 注意事项

整个动作过程双臂均匀发力。

4. 训练部位

肱三头肌、斜方肌、胸大肌、三角肌。

练习 125　俯卧悬吊双臂轮转下压

1. 开始姿势

双手分握悬吊环，两臂体侧伸直。

2. 训练方法

双臂发力胸前轮转屈伸臂下压。完成动作时间 1~2 秒钟，还原动作 2~3 秒钟。每组动作 20~30 次，完成 10~15 组，再换另一侧，组间间歇 45~60 秒钟。

3. 注意事项

轮转下压双臂时均匀用力。

4. 训练部位

三角肌、肱三头肌、胸大肌、腹肌。

参考文献

［1］李鸿江. 青少年体能锻炼［M］. 北京：高等教育出版社，2007.

［2］李鸿江. 田径［M］. 北京：高等教育出版社，2006.

［3］田麦久. 运动训练学［M］. 北京：高等教育出版社，2006.

［4］国外体育科技与运动训练科学化最新成果丛书. 体能训练指导（上）［C］. 北京：国家体育总局备战2008年奥运会科技专家组，2007.

［5］国外体育科技与运动训练科学化最新成果丛书. 体能训练指导（下）［C］. 北京：国家体育总局备战2008年奥运会科技专家组，2007.

［6］竞技能力的全面发展——身体功能训练的艺术和科学［M］. 刘宇，孙明运，译. 北京：北京体育大学出版社，2011.

［7］快速伸缩复合训练［M］. 阮棉芳，尹军，译. 北京：北京体育大学出版社，2011.

［8］王卫星，蔡有志. 体能——力量训练指南［M］. 北京：北京体育大学出版社，2006.

［9］张英波. 现代体能训练方法［M］. 北京：北京体育大学出版社，2006.

[10] 张英波. 田径体能训练 [M]. 北京：人民体育出版社，2005.
[11] 刘卫军，袁守龙. 牵伸训练 [M]. 北京：北京体育大学出版社，2007.
[12] 运动生理学 [M]. 王瑞元，汪俊，等译. 北京：北京体育大学出版社，2011.
[13] 孙民治. 现代篮球高级教程 [M]. 北京：人民体育出版社，2000.
[14] 文超. 田径运动高级教程 [M]. 北京：人民体育出版社，2002.

主编简介

李建臣，男，1958年1月生，教授，博士学位，硕士生导师，现任首都体育学院田径教研室主任；中国运动训练学会田径专业委员会常委；中国体育科学学会会员；中国田径战略研究会委员。主要研究方向为体育教育训练学、运动技术优化与诊断。近年来在《中国体育科技》《体育科学》《北京体育大学学报》等国家级核心刊物发表学术论文43篇。其中，《田径教育教学体系的构建与发展》获国家体育总局教学成果一等奖；《备战奥运会田径耐力项目科技攻关与服务》《铅球运动员运动学与动力学系统诊断与效益反馈》获省部级政府科技进步奖；竞走、铁饼、标枪、撑竿跳高等项目的攻关研究获局级科技攻关奖。出版《现代推铅球运动》《体育产业资本市场创新体系的研究》《田径》《青少年体能锻炼》等教材13部、译著1部。在奥运会科学大会、亚运会科学大会、全国体育科学大会、国际运动生物力学科学大会等学术会议上宣讲学术论文76篇。现承担国家社科基金重点项目课题、教育部财政部田径国家级教学团队、北京市学科与研究生教育等课题研究任务。